上手に距離を取る技術

齋藤 孝

角川新書

目次

はじめに ……11

第一章　人との距離感をリセットする ……17

第四章　さっぱりした付き合い「淡交」……91

はじめに

コミュニケーションに慎重になる人が増えている

人と人との社会的な交わりの中で、お互いに上手に距離を取ることができれば、悩みの多くは解消します。

そのためには相手ごとにふさわしい距離感を見極め、ときに間を取ることが大切ですが、適切な距離感を測ることは、歳をとって社会経験を重ねても、なかなか難しいものです。

私は三十年ほど大学で教鞭《きょうべん》をとり学生と接してきましたが、年々、若い人は他人とのつきあいで疲れやすくなっているように感じます。適当な距離の取り方がわからない人が増えているのです。

プライベートでも仕事でも、相手が距離を詰めてくると嫌気がさしてしまったり、雑談でさえ疲れてしまったり。人間関係をうまく構築しようと意識するあまりストレスが大きくなり、他人とうまくやっていくこと自体が、この時代には難しい課題となってしまったようです。

この問題を考え詰め、人間関係を最重要課題としてしまうと、自分の思う距離感と、他人が求める距離感との間に乖離《かいり》が生じ、どんどん息苦しくなってしまいます。他人と適度な距離を取りたいと思うことでまた疲れてしまう、負のループに入りがちです。

家族でも他人でも、距離は単に近ければよいというものでもありません。

少し「間《ま》」を空けることによって、人間関係が改善することもあるのです。

適切な距離は時代によって変わる

日本人は昔から、自分と他者、自分と世界との距離を意識し、絶妙な距離感や心地よい間を求めてきました。

間が悪い、間延びする、間が抜ける……。

日本語には、間にまつわる言い回しが多くあります。

間とは、時間的、空間的な間隔のこと。

腕の良いお笑い芸人は、間の感覚が優れています。空間的なスタンスや時間的な間を常に意識して芸を繰り出し、観客の気持ちをぐっとつかんで、一気に距離感を縮めます。

こういう技術に人の評価が集まる一方、自分の領域に他人が入ってくると心を閉じてしまう人も増え、**人が心のシャッターを下ろす速度も急激に速まっています。**

現代は多くの人にとって、良い間が取りづらい状況にあります。

SNSやオンラインツールが急速に普及し、学校も職場環境も少しずつとはいえ、グローバルになったことで、人間関係は大きく広がりました。会社や学校にとらわれない、自由な働き方や学び方も可能になり、人と人との距離感は、マナー感覚で語られるように変化してきました。

人と人との距離感の認識は時代に応じても変わりますから、その時々で対応を変えていく必要がありますが、同時に日本の社会はいまだに個人に対し、「意見を明確に発信する」ことよりも、「空気を読んで動く」ことを要求しています。そのため特に若い世代では、必要以上に他人とのコミュニケーションに慎重になる人が増えているように見受けられます。また、生来コミュニケーションが苦手だという方も、いらっしゃるでしょう。

ネットを見れば、「人との距離感がわからない」というキーワードで、多くの記事が発信されています。

心の持ちようを変えることで、**「距離の取り方」は技として学ぶことが可能です。**適切な距離感・間合いの取り方が分かれば、今抱えている悩みも軽減され、ぐっと生きるのが楽になり、人間関係も劇的に豊かになります。

他人との距離感に、もう悩まない

家や職場環境における同調圧力も、私が学生時代を過ごした一九七〇年代ほどには強力ではなくなりました。誰もがそれぞれのスタイルで生きていくことが可能になった現代に、かつての村社会のように周囲と歩調を合わせ、他人同士の距離を縮める必要はなくなったはずなのですが、いまだに他人との距離感で悩む人が多いのはなぜでしょうか。

一つには、時代の変化として、社会適合よりも個人の心の問題が優先的に考えられるようになったことが背景としてあります。雑なまでに社会適合を求められた昭和とは異なり、繊細な心を大事にする時代となり、他人との間に距離を必要とする人が増えているのだと思われます。

中学高校の教員になった私の教え子は、人間関係が苦手な子どもたちの割合が増えていると言います。クラス運営のためには個人が他人に譲歩し、クラス全体で足並みを揃えることもある程度必要なのですが、それが苦手な人が増えた以上、今までのやり方は変えなければなりません。

社会全体が、人間関係をうまく構築できない人への対応を含みながら、お互いの距離感を調整しなければならない時代なのです。

人づきあいに疲れない心と身体

人間関係がうまくいかないことの理由の多くは、距離感が近すぎるか、遠すぎることです。馴《な》れ馴《な》れしくても、よそよそしくてもうまくいきません。

家族や親戚《しんせき》、職場、地域、友人、顔見知り、生活習慣の異なる人——。関係の濃淡はあっても、**自分が望む距離感を、相手も同じように望むわけではありません。**

自分の常識が他人の常識ではないことを忘れ、何かと他人のマナー違反を指摘する人がいますが、周囲からは、自分の距離感を押し付けているだけに見える可能性があります。

現代社会のなかで、他人との距離を意識せずに暮らすことはできません。

傍《はた》から見て他人との距離感をつかむのが苦手なのだろうなとか、おそらく他人とのかかわり方を学ぶ機会が少なかったのだろうな、と感じることもあります。

他人との人間関係がうまくいくためには、まずは人をほめ、心から笑い合う体験を味わう必要があります。人間関係も、成功体験があることで目が開かれるのです。

さらに、**他人や社会との距離を上手に取るには、大前提として、侵食されにくく、しなやかで強い自我を確立している必要があります。**

そのためには荒ぶった心をなだめ、**自分を客観視し、身体感覚を養う努力をすることも大切です。**

自閉スペクトラム症や心の病の方には、専門的な見地からの助力が必要ですので、本書のアドバイスは直接フィットしません。

ただ誰にとっても「上手な距離の取り方」が大切であることは変わりません。

東田直樹さんの『自閉症の僕が跳びはねる理由』（角川文庫）は英訳などされ、海外でもベストセラーになりました。他者や世界との「関わり方のスタイル」を作っていくことで、適度な距離感が保たれることが、著書からわかります。

何かと人づきあいで疲弊する人の多い現代、上手な距離の取り方について、ここで一度徹底的に考えてみましょう。

第一章　人との距離感をリセットする

人間関係の距離感は、自分で決めればよい

人のライフスタイルは、その人自身が決めていくもので、人間関係をどう構築していくかも同様です。

私は感じよく上機嫌にふるまうことを心がけていますが、一方で、近年の社会は距離の取り方が過剰な社会的プレッシャーになっているとも感じています。

昨今はサービス業従事者に対し感じよく整った対応を要求しすぎる傾向があります。「感じの良さ」は、高いレベルで要求されるスキルになってしまい、結果としてそれが社会のプレッシャーになっているようです。

感じのいい人としてふるまうことは社会全体にとって大変大事なことではありますが、感じが悪く見える人にも、何かしら今はいっぱいいっぱいな事情があるのかもしれない、と想像力を働かせることもできるはずです。

私たちは自分と違うライフスタイルに対し、もっと寛容である必要があります。

たとえば中年になっても実家に居続ける人は、昨今「子ども部屋おじさん」などと揶揄《やゆ》の対象になりがちです。家に安らぎを確保しているけれども、外に行くと緊張してしまう

という人もいるのです。

毎日プラプラしている人は、そういうライフスタイルだからこそ「なんとかやり過ごしている」のです。それを一つの生き方として、お互いに認め合うことが必要な時代なのです。

確かに**若いうちは、練習期間として人間関係の構築に慣れ、経験を積むことも大切です。**十八から二十二歳の時期には心情は比較的早く変化していきますが、一般的に三十歳を迎えると、生活のスタイルが確立されてくるものです。

社会人としてチャレンジするもうまくいかず、ある年齢に達したところで対人の苦手意識が固まって悪化していくケースも、しばしば見受けられます。

こじらせる前に、心を柔らかくしておくために、どんなことができるでしょうか。

「ふつう」の呪いから自由になる

厚生労働省の出す「労働安全衛生調査（実態調査）」によれば、仕事や職業生活に関することで強い不安、悩み、ストレスを感じている労働者の割合は、二〇二〇年の段階で、五四・二パーセントと、非常に高い割合となっています。

組織の中でほかの人のようにふるまえない場合には、発達障害やＡＤＨＤ、自閉スペクトラム症などのテストを受けてみてはいかがでしょうか。ご自身のことがわかれば、安心することもあるでしょうし、対策をとることもできるようになります。

繊細な神経を持つ人たちが増えているのは、自分のペースで生きるだけの余裕が社会の側に生まれている結果かもしれず、むしろ人間の進化なのかもしれません。

ＳＤＧｓ（Sustainable Development Goals）という言葉が最近、よく使われるようになりました。なんとなくわかっているような感じで使っている方も多いと思いますが、この日本語訳は、「持続可能な開発目標」です。

二〇〇一年に策定されたミレニアム開発目標（ＭＤＧｓ）の後継として、二〇一五年の国連サミットで採択され、二〇三〇年までに持続可能でよりよい世界を目指す、国際目標です。一七のゴール、一六九のターゲットから構成され、地球上の「誰一人取り残さない」という理念があります。

「誰一人取り残さない」と理念化された背景には、社会の分断が世界的に進む中で、歴史的に抑圧されてきた人たちの人権を重視する必要性が改めて浮き彫りになったという事実があります。

私たちが長いこと「ふつう」だと思ってきた基準が、実はその枠組みの外に生きる人を排除するものであると、人々が自覚的になってきたのです。

そのため、長いこと私たちがとらわれてきた「ふつう（の人）」という概念が減衰している今、私たちは「ふつうの人らしく生きる」という呪縛《じゅばく》からも解放され、周囲とのしがらみに束縛されることもなく、生きることが可能になったのです。

人間嫌い名人に学ぶ生き方

自分らしく生きることが以前より楽にできるようになった世の中とはいえ、現実に徹底した人嫌いを貫いて生き抜くことは、なかなか容易ではありません。

『ねじ式』『無能の人』などの前衛的な作品で知られる漫画家のつげ義春《よしはる》さんは、小学校卒でした。中学へは行かずメッキ工場で見習いとして働き始めましたが、日々人間関係につらさを感じたつげさんは、そのことを漫画に描いてきました。

若い頃のつげさんの人間嫌いは、痛々しいほどに切実なものがありました。

昭和五十年から五十五年までの日記を綴《つづ》った『つげ義春日記』（講談社文芸文庫）には、自身の生きづらさが多く記述されています。

知り合いの個展に行くと、「皆んな楽しそうにしているのが羨《うらや》ましく思えた。人が多勢集まっている場所に出ると何故か自分が孤立しているような気持ちになる。でも自分は自分で家族三人がなんとかやっていければいいのだ。夕食にスシを買って八時に帰る」とあります。他人と一緒にいると、つげさんは孤立感を抱いてしまうのです。

つげさんにぜひ会いたいという見知らぬ読者から連絡が来た時には、一度は断るのですが、それでもどうしてもと電話で面会を求められ、「まったく会いたくない」と思いつつも会ってみたら、「殆《ほと》んど口をきかない人だったので不愉快になった。何をしに来たのか、失礼な人だった」と思ってしまうのです。

つげさんはかなりの深度で自分に閉じこもるのですが、その後もこつこつと漫画を描き続け、八十二歳で初めてフランスを訪れることになります。フランス語で全集が出版され、「漫画界のカンヌ」と呼ばれるアングレーム国際漫画フェスティバルに『紅《あか》い花』という作品が展示されることになったためです。

人間関係が上手になることに人生のエネルギーを使わず、作品に注力することで、つげさんは芸術家として世界に広く認められるようになりました。

現代のトレンドは、このように「人間関係で無理をしない」ほうにあるようです。

まだ時代が躁《そう》状態で社会が浮かれていた一九六〇年代にこの作品を描いたつげさんは、時代を先取りしていたのかもしれません。

空気が読めなくても、距離は取れる

つげさんのように徹底した生き方をするには、超人的な勇気と忍耐力が必要です。**勇気と忍耐が難しい人は、自分が苦しくない程度に他人との間でほどよい距離を持って生きていくのが、最適な解答なのだと思います。**

空気が読めないといわれている人でも、距離の取り方はあります。

細かい空気が読めなくても、面白い話ができなくてもよいのです。**「面白い話ができない」と引け目を感じている人は、まずは「だよね」と、相手の話に頷《うなず》いて笑っておきましょう。**

高い目標をクリアしなくてもいいから、**「だよね方式」と自分で決め、ひたすら実行する。**そういう難易度の低いところから、まずは場に貢献してみましょう。

また、そういう悩みを抱える方は、**難しいコミュニケーションをとらなくても生きていく技を、まずは身に付けるとよいでしょう。**

「職人気質《かたぎ》」という言葉には、「人間関係が得意でなく不器用で頑固者でも、プロとしての技があれば、多少不愛想でも許される」という含意がありました。

職業というものは元来、「自分がどういう角度で社会とかかわるものか」を決めるものでもあります。

医者というと、一昔前はたいそう威張っている人の多い職業でした。医者として人の健康に貢献することで、偉ぶった態度も社会に許されていたのです。

つまりある種の職業に従事している人は、コミュニケーション能力が高くなくとも認められてきたのです。当人たちも、他人からの評価にある意味鈍感でいることが許されていたので、特に傷つくこともなくきました。しかし今は、高いコミュニケーション力とサービス精神が、どの職種にも求められます。その分、他人との距離感で苦しむ人が増えました。

周囲も、そういう人をどういう形で助けるか、場にうまくはまり込まない人をも生きやすくなる方法をとことん考えてみましょう。

人間関係にとらわれ過ぎないのが、未来的生き方

人間関係の苦手な人でも、特定の話題に通じ、詳しく語る人がいます。

そういう方は属する集団の質を変えてみると、思いがけない発見があるかもしれません。周囲も、その人にふさわしい環境設定を促すことを考えてみましょう。

人は共通の回路があれば、関わりやすくなるものです。

たとえば趣味のサークルなどが一番わかりやすいと思いますが、共通言語があることで違いを超えて共通点が強調されるため、関係性が築かれやすくなります。

距離が取れない自覚がある人は、場にいてもふさわしい話題が選べず、笑いも取れず、馴染《なじ》めないので、人一倍疲れてしまいがちです。

ですから周囲もそういう方には、「あまり無理しなくていいよ」と言うのはもちろん、具体的なその場への参加や貢献の仕方を教えてあげる必要があります。

コミュニケーション不全を自覚している人に対しては、周囲は、技能において社会に貢献することを促すのがよいでしょう。得意なことで、場に貢献をしてもらうのです。

自己確認の仕方も、時代とともに変わりました。ネットで承認されるということも、私が若い頃には存在しなかった選択肢です。

つい「若いうちは人間関係が不得手でも仕方ないけれど、そのまま続くはずがない」などと、周囲は批判的な目線を持ちがちですが、幸福を単層的にとらえ、社会的成功などを

基準に考える時代はもう古い、と考えを切り替えましょう。

幸福を多層的に見て、余暇の時間、単独の時間を主に生きることが、むしろこの先の未来を確保していく生き方かもしれません。

遠慮過剰、気遣い過剰が自分をつらくする

現代人は、口を開けば他人にものを頼んだら悪い、他人を頼りにしてはいけない、と言います。

こういった**遠慮過剰、気遣い過剰が、人との距離を遠ざけすぎてしまう**のですが、この傾向は若い人にも顕著です。

大学の長期休暇の際に、「二週間を使って、四人で一緒に何かしてみてください」という課題を学生に出したところ、百人弱のクラスの多くのグループが何もしてきませんでした。

この課題は「人と関わる練習」なのに、なぜ学生は課題をやらなかったのかを探ってみると、どうも自分から誘ったら相手の迷惑になるんじゃないかと考え、お互いに遠慮をしてしまったようなのです。

人を誘うことが心理的にとても負担が大きい人は、確かにいるとは思いますが、これは教員になる人の授業なので、遠慮し合っていては何も起きません。

再度促してみると、ようやく少しずつ腰を上げたのか、「カラオケに行った」「ラーメンを食べに行った」など、細やかな交流をするグループが出てきました。

知らない人と一緒に行動することは、大人が思う以上に、大学生にとってハードルが高いようですが、ひと押しすれば楽しむことはできるのです。

溝を飛び越えるのには手間がかかるものですが、遠慮の壁を下げて溶かしてみると、そこに新しい扉が開きます。

気楽に誘うという行為は、慣れの問題です。

マナーや距離感を大事に思う気持ちはわかりますが、お互い少し積極的になるとバランスが良くなります。

相談を持ちかける、引き受ける

軽い相談を持ちかける、というのもコミュニケーションが活発になるきっかけとなります。人は誘われたり、相談されたりすると、嬉《うれ》しく感じるものです。相談は信頼の証《あかし》でもあり、人は信頼の表明にはこたえようとするものですので、持ちかけられた側は意気に感じて張り切ります。相談を持ちかける／引き受けるという形のコミュニケーションは、温かいものになることが多いのです。

ヘヴィな相談はとりあえず置いておいて、「買おうか買うまいか迷っている」など、他愛もない相談だと、初対面でも応じやすくなります。トピックが限定され、自分なりの答えを準備できるので、盛り上がりやすいのです。

距離が取りづらいと思う相手には、相談を持ちかけると心が柔らかくなります。「うまく告白できない」「自分のストロングポイントがうまく見つけられない」など、**自分のほうに隙を作ると、相手を引き入れることができます。**

恋愛対象ではない、親切そうな人にあえて相談を持ちかけることは、コミュニケーション上の工夫と言えるものでしょう。

テンポと距離感は同義

同じ百分を費やす授業や会議でも、長く感じられるものと短く感じられるものがあります。時間は、伸び縮みするのです。挨拶《あいさつ》やスピーチも、テンポよく手短に終わると、相手を心理的に近く感じ、いい時間を過ごしたという印象を抱きます。

楽しくて早く時間が過ぎた、と感じるのが、よい時間の過ごし方です。

私は参加者があっという間の時間だった、と感じられるように、授業や講演の組み立てを意識します。

次々とテンポよく話題や課題を繰り出すことは、現代の時間感覚に合っているのです。

YouTube動画を考えてみても、動画の尺が長くなると視聴者が減る傾向にあります。動画を視聴する人は、ちょっとしたヒントを知りたかったり、全体像に触れたいと思っていたりするので、なかなか自分の欲しい情報が出てこないと、飽きてしまうのです。

テンポは距離感にも置き換えられます。テンポがいい相手には、一緒にいたい気持ちが芽生えやすく、自然と人が寄ってくるものです。

物理的な距離の取り方がピンとこないという方は、時間感覚に置き換えて考えてみるとよいでしょう。

テンポよくことを運ぶためには、漫然と当日を迎えておもむろに取り掛かるのではなく、段取りをきちんと考え、準備して組み立てておくことです。

一方、挨拶や説教がねっちり長く続くと、聞く側は逃げ出したくなるものです。そうすると、その人と上手に距離を取るのが難しくなります。嫌がる相手を無理やり座らせて説教をすれば、心理的距離は遠くなる一方です。

明るくテンポよく、ペンキの上塗りをするように

このように、テンポは距離感と密接にかかわっています。

教員を目指す学生や実際に教職についている人たちから「どうしたら中高校生がついてくる授業ができますか」と訊《き》かれた時、私は「テンポを上げる」ことを提案します。

まずは一定の時間内で作業や学習を行わせ、時間の感覚を共有してみます。キッチンタイマーを使ってもよいですが、作業や学習に制限時間を設けることで集中力が上がり、気持ちの切り替えもできるようになります。

しゃべるときも、もたもたしない、ポンポンポンと大事なことを三つほど言う。手短にしゃべる。明るく肯定的なフレーズを使う。うまくいかなかったことを復習する。

これは勉強法でも同じです。

まずさっと一回、通してみる。次に、一回目に自力で解けた問題を飛ばし、もう一度全体を通してみる。答え合わせをし、寝かせて、またもう一度問題を解く。これを積み重ね

てゆけば、問題が少しずつ体に入っていき、三、四周することで、解けない問題がどんどん減っていきます。解いていくたびに少しずつ速度もあがり、時間が三、四倍かかるということはありません。

コツは、一周目を軽く流すこと、距離の取り方を測ることです。問題集を一冊終わることができない人は、一つ一つの問題にひっかかりすぎているのです。

本も同様で、軽めに読み進めると、後半はずっと速く読むことができます。深みにはまることで、脳は自然に流れるようにできているのです。

一つの作業を確実に完璧《かんぺき》にできるようになるには時間がかかりますので、**私は、「ペンキの上塗り方式」をお勧めします。**まず全体を薄くざっと塗り、次にもざっと塗る。大まかにやることを繰り返すほうが、丁寧にゆっくり塗り進めるより、ムラなく全体が仕上がるのです。

得られる成果は緻密《ちみつ》なものではないかもしれませんが、日本人は仕上がり感、出来にこだわりすぎる傾向があり、これが日本の三十年の経済停滞の原因にもなっていると思います。九〇パーセントの確実性が確認されてからプロジェクトを正式に発足させる、というような判断を続けていては、時代に乗り遅れてしまいます。

教育でも仕事でも可能性を高める方向に物事を進めないと、世の中の変化の速度に間に合いません。

テンポが速ければ、修正も早くできます。

第二章　小さな工夫で、ストレスを軽減

微笑みをたたえる基本技術

時代の変化は、人間心理を変えます。

何が人を不快にさせるか、ハラスメントになるかも、時代とともに変わってきます。

同様に、自分を整える方法も、人との距離感の捉《とら》え方も変わるのです。

なぜあれほど熱くなっていたのか今となっては不思議なほど、昭和の時代にはさまざまな局面で日常的に根性が叫ばれ、スパルタ指導が行われていました。

しかし今の時代の若い人に厳しくものを言っても、何もいいことはありません。

静かに笑っていること、ご機嫌に爆笑すること、ソフトに指導すること、よかったねとほめること。存在をただ肯定することで、最初の距離は適切に取れるのです。

無理にお世辞を言ったり、褒めたりする必要さえありません。むしろお世辞を言うと、相手と心理的な距離が離れてしまうことの方が、多くなりました。

学生の中にもよく、自分には向上心が足りない、という人がいます。

その時、私はまず**「向上している感覚」を持ってもらう**ようにします。**この「向上感」が積み重なると、自然と向上心も発生するのです。**

あたたかく笑いながら的確に指示を出し、修正を図ってさえいれば、意識的に距離を詰めようとしなくても、段取りよく推進させることは可能です。

あたたかく受け入れられることで自然ともう少しやりたくなり、好奇心が向上心に変わっていくのです。

組み立てを変え、楽しい気持ちを湧き上がらせる

あたたかく受け入れたあとは、受け入れ続けながら、組み立てを次々変えていきます。

受け入れただけでは、気が停滞してしまいます。

私は武道の心得があるので、タイを訪れた時に、ムエタイのジムで蹴《け》りや肘《ひじ》打ちを教わったことがあります。基本練習から先生がテンポよく教えてくれるのですが、日本での武道の指導との違いに驚きました。

パンチの練習は、一分一分と変化していきます。ワンツー、ワンツースリー、フック、アッパー、蹴りと、メニューを次々増やしてゆくので、短時間で上達しているような快感がありました。もたっと停滞した空気感がなく、教える側、教えられる側双方に、楽しい気持ちが湧き上がってきます。

もちろんこういった技はすぐ身に付くわけではありません。しかし、一回のレッスンで、階段を上らせてくれる、いやむしろ階段ではなく、エレベーターでトップの風景を見せてくれるような感触がありました。指導者が、私を高みに連れて行ってくれる感覚があり、気分が明るくなりました。

スパーリングで打つパンチの、三分の一くらいに「イエース！　ＯＫ！」と肯定してくれるので、打っているこちらにも勢いが出ます。スパーリングの最中もよく笑うので、教わるこちらも楽しくなってきます。

その時に、**なるほど段取りを教えた後の指導は、「イエス！」だけでいいのだなと、感心しました。**

トライ&エラーではなく、トライ&イエス方式です。

浅いところに留まらない

私の経験した日本の空手道場では、正拳《せいけん》突きだけで三か月かけ、それが習得できたら次と、段階を踏んで、基礎を教えていました。きちんとしたやり方なのですが、これでは教わる側が上達感を得にくく、受講者が脱落し減ってしまいます。習っている人が辞めていってしまうのでは、元も子もありません。

先述のタイのムエタイクラスでは、日本の道場であれば三年かけて教える技術を、一回のレッスンで全部組み合わせていました。

大変驚きましたが、優れた基本メニューの組み合わせやテンポを工夫すれば、指導の質はキープされるのです。

吸収が早い人には、通常はABCの順で進むところを、Cから開始するなど、あえて難しい方からやらせたりもする。個人の能力によって組み合わせを変えていくのです。

このようなメニューの組み替えは、話をする場面でも応用できます。

A型通りの挨拶《あいさつ》、B当たり障りのない雑談、C趣味の話……というのがふつうの会話の流れですが、この相手はリラックスした人だな、近づきたがっているなと感じたら、いきなり会話をCレベルから始め、相手との距離を一気に縮めてもよいのです。

人は自分が好きなものについては、誰とでも友達のように話せるものです。

相手の好きなものと自分の好きなものを探りながら上手に擦り合わせ、これだという話題にスッといく。

浅めの会話でスタートし、好きなものを語り合えたという印象を心理的に与えれば、距離を縮めることが可能になります。

ここで大事なのは、「プライベート」そのものではなく、あたかも親密な会話をしたかのような「プライベート感」なのです。

言葉数で相手を把握する

どこまで距離を詰めてよいかは人によって異なります。まだ親しくなっていない他人が入ってくることに、全く抵抗のない人もいますし、それが著しく苦手な人もいます。

最近はつきあう人を探すのに、出会い系アプリを利用する人が多いと聞きます。メッセージのやりとりの段階で、いきなりＬＩＮＥのＩＤ交換を依頼したりすると、不必要に距離を詰めてきたと、相手に警戒されることが考えられます。

実際に会ってからＬＩＮＥ交換という段取りのほうが、ふんわりしていてよいでしょう。

相手がどのようなタイプかを見極める一つの方法は、言葉数です。反応があまりに少なく、自分を開示してこない相手には、いきなり踏み込んではいけません。

今の話題について相手から質問をしてくるのであれば、その話題を進めても問題ありませんが、うまく流れていないと感じたら、違う話題にふったほうが無難です。

相手が閉じているかどうかは、表情や声のトーンからもわかります。明るいトーンで話せるのが一番ふさわしい話題でしょうし、トーンが沈むようであればその話題は触れてほしくないと考えられます。身体から発せられるメッセージで判断していきましょう。

外側は柔らかく見えても、内側は硬い人もいます。一見応対に如才はないけれども、あるところから先に鉄壁のガードがあり、内部に入ってくるものを防御するタイプです。そういうタイプは、防御のためにおしゃべり上手だったりもするので、おしゃべりが盛り上がっているから受け入れてくれている、とは限りません。

そのような時は、急がずに徐々に質問を重ね、**こちらも相手に共感を表明しながら、相手がどれくらい共感してくれるのかを図りましょう。**

距離感やテンポがわからない時は

時には、「そこから先に入ってこないでください」というサインを出す人もいます。

距離感がわからない相手に対しては、個人情報に触れないように会話を進めなければならないので、浅いレベルでできる話題を選ぶのがベターです。

そういう時によい質問は、「サブスクとかやりますか？」です。サブスクは無難且つ、漠然とした質問です。観ている番組や好きなジャンルがあれば、ふつうは具体的な返答があるものです。「いや、そうでもないですね」など、具体の答えがかえってこない場合は、質問が相手に入っていないので、こちらから「私はネットフリックスを観ています」「このドラマがよかった」など、三つくらいの情報を自己開示すると、相手から具体の答えが引き出せるかもしれません。

相手が自分に共感してくれているのかどうかもわからないとなると、つきあいは慎重に、型通りにいったほうがいいかもしれません。

人は誰にでも、守りたい、触れられたくないことがあるものです。相手が何を守ろうとしているのかは、わかっておいたほうがよいでしょう。

人が避けたい話題は主に、学歴、お金、仕事上の立場、政治、宗教、家族などが考えられます。その人の中で触れても大丈夫な分野を見つけ、それ以外のところは触らないようにして様子を見ましょう。

相手との距離は、やりとりする時間の間隔によっても調整できます。

返信をどのくらい寝かせるかは、人間関係をどう構築するかというメッセージでもあります。**相手ごとに、返事の間隔をルール化しておくと、悩む必要がなくなりますから、ストレスは軽減されるはずです。**お互いの合意があればゆるやかなやりとりは可能です。

ＬＩＮＥのような短いメッセージの交換では、即レスがマナーだと思われているため、既読がついて返信がないと、そのこと自体が否定的なメッセージであるかのように思われてしまいます。

おしゃべりモードに入っても疲れずに対応できる人ならば、ひたすら即レスもよいでしょうし、即レスのほうがかえってエネルギーを使わないという方も少なくありません。

実際にはやりとりに疲弊している人も多いので、「よろしくお願いいたします」「お気遣いありがとうございます」など、短く丁寧に、一旦《いったん》完結のニュアンスを適宜滲《にじ》ませることが基本です。「宅配が来たので失礼します。また連絡します」と、話を切り上げるためのセリフを用意しておくのも一つの手です。

オンラインで、対面のコミュニケーションを鍛える

他人の気持ちというものは、どんなに慮《おもんぱか》っても一〇〇パーセント理解できることはありません。

だからといって、相手にまったく何の配慮もせず、自分の解釈だけで物事を捉えていては、視線に歪《ゆが》みが生じてしまいます。

家庭内など近しい場での距離感、コミュニケーションに悩んでいる方は、周囲への観察が足りないか、観察を分析するレファレンス（参照先）が足りないのです。

距離感に悩む方はまず、観察の対象と機会を増やすことをお勧めします。

いきなり生身の経験値を上げるのはハードルが高いと思われる方には、比較的抵抗感の少ないオンラインでの交流から、コミュニケーションを始めるという選択肢もあります。

二〇二〇年に始まった新型コロナウイルス感染拡大の影響で自粛生活が強いられ、私の勤務する大学でもオンライン授業が始まりました。

私はこれまで、オンラインツールとは距離を置いてきました。

対面の授業や講演会、ライブコンサートなどで経験する生身の交流が大好きですし、もともと研究者としての一里塚となった書籍のタイトルが『身体感覚を取り戻す　腰・ハラ文化の再生』（ＮＨＫブックス）です。この書籍で私は、日本人が文化として持っていた身体感覚が、現代社会で失われたことを指摘し、身体感覚を養うことの重要性を説いています。つまり、私は、基本的には対面でのコミュニケーションをより重視する立場でした。

しかし社会状況を鑑《かんが》みれば、身体性ばかりを強調してはいられません。こうなったらオンラインのコミュニケーションを極め、従来型の授業を超えた活気あるオンライン授業を実現してやろうと決意、その結果、「資料や動画を簡単に共有できる」「チャット機能を使って短時間で多くの意見を集める」「グループディスカッションが簡単にできる」など、ライブの授業にはないメリットが多くあることもわかりました。

少しでも対面授業の感覚に近づけようと、声のトーンや表情、しぐさのギアを一段も二段も上げるなど模索し工夫を凝らしました。

表情は、最速の情報伝達手段

オンラインでは呼吸や表情の細部、身体反応などの情報量が制限されます。

二〇〇二年に行動経済学の研究でノーベル経済学賞を受賞したダニエル・カーネマンが二〇一一年に執筆した『ファスト&スロー　あなたの意思はどのように決まるか?』（村《むら》井《い》章子《あきこ》訳、ハヤカワ・ノンフィクション文庫）という本は、世界的なベストセラーになりました。人が物事を判断するメカニズムを科学したこの本の中に、事例として、怒っている女性の表情が掲載されています。その表情が発するメッセージは、自動的に高速に認知されると述べられています。これがファスト（速い）シンキングです。

私たちは、表情や声のトーン、しぐさなどを含めた身体表現で、「自分はあなたに悪意がなく接しています」というメッセージを、無意識に伝えているのです。

オンラインツールは、従来型のコミュニケーションと比べて、こうした表情や声のトーン、しぐさなど、体全体から出る雰囲気が伝える細かいニュアンスが伝わらず、人との距離感がつかみにくいのが難点です。

人は、対面する相手から大量の情報を受け取っています。相手が話を続けたいのか、発言は大方終わったのか、対面で相手の反応を見ていれば、予測できることがありますが、オンラインではどんなに画面が立体化しても、そういった細かいニュアンスや情報は失われてしまいます。

「新しいコミュニケーション言語」として、文字で伝えにくいニュアンスを補足するスタンプや絵文字もありますが、実際の表情の持つ豊かさと比べると記号に過ぎません。

しかし逆にコミュニケーションに自信がない方には、対面ではない場の方が気安いこともあるはずです。むしろオンラインは、距離感を意識しながらコミュニケーション力を磨き上げるチャンスとなるでしょう。

オンラインは距離感の高地トレーニングです。良いコミュニケーションを実現するには工夫や努力が必要で、エネルギーも求められます。そうした工夫と努力を、オンラインからスタートすれば、対面のコミュニケーションは劇的に楽になるでしょう。

オンラインを介してのやりとりは今後も増えていきますが、そういったツールを一切使わない人も存在するわけですから、人と人との距離感の在り方には幅が出る一方です。ですから、まず発想を変え、オンラインで観察と分析をする機会を増やし、その習慣を身に付けてみてはいかがでしょうか。

成果が出るまでいろんな方法を試せばよいのです。実際に対面でトライ&エラーを行うよりも、気持ちのハードルは低いはずです。

オンラインのデメリットをメリットにする

オンラインでコミュニケーションをとる際には、次のことに留意しましょう。

・双方向のコミュニケーションにする
・動きや表情を大きくする

・笑いを積極的に取り入れる

私がオンライン授業を行う際には、聴講している学生側にも発言・行動させ、単に聴いているだけでなくて参加させます。

全員参加で双方向型にすると、適度な爽快《そうかい》感と充実感があり、グッタリとした疲労感は残りにくいのです。相互交流がある中での疲労は、スポーツやカラオケの後に似た心地よい疲労感で、またやりたい、もっとやりたいと思えるものになります。

たとえばじゃんけんゲーム。勝った人が残っていき、優勝者を決める。たったこれだけで一体感が生まれ、活気が出てきます。

じゃんけんは単純ですが、インタラクティブの最たるものです。勝ち負けという要素があるので盛り上がります。そうしたちょっとした工夫で、インタラクティブな雰囲気を作ります。

もちろん発言、プレゼンテーションもしてもらいます。

他の学生たちがチャット機能を使って感想や質問をリアルタイムで書き込むことで、当事者感が生成されます。このチャット機能によるフィードバックについては、「ネガティブなことを言わない」ことをルールとし、ポジティブな発言をしてもらいます。

こういった細かいルールがあれば、余計な気を回す必要もなく、コミュニケーションのハードルが下がります。

ゲームを介して人間関係を構築

同様に、ゲームを介した人間の距離感というのもよいものです。

オンラインゲームのみならず、麻雀《マージャン》など、いつも同じメンバーで時間を過ごすことも、幸せの一つの形態です。

「楽しくなければ続かない」という理念から高齢者のデイケアにカジノを取り入れた施設があります。ゲーム感覚で楽しめるカジノは、財産を失うこともありませんし、気も晴れやすく、無駄話もすることで流れがよくなります。

ここ五十年ほど、世界中で現代人の仕事密度は飛躍的に上がりました。一人当たりの負荷が高く、大量の情報を処理しているため、現代人は常に生産性や、次の計画のことを考えて生きることを余儀なくされています。

自分で企画を立てるところに始まり広報まで、一人経営者として仕事を完遂しようと思えばできてしまう現代には、常に何か行動していないといけないような気分になる人も少なくありません。

しかし、たとえば江戸《えど》時代の大工の生活を見てみると、休みが頻繁で仕事をしない日も多く、分業もしているため、一日中仕事に明け暮れていたわけではありません。

人生は生産性だけでは測れません。無目的に思われる時間でも、自分を穏やかに過ごせる術《すべ》が必要です。

社会で有用な人間になることが人間の価値だと刷り込まれてきた世代、今の四十代以上の人たちは、他の時代の価値観や、ゲームやスポーツ、芸能の持つ力にも目を向けてみる必要があります。

対話型AIから程よいコミュニケーションを学ぶ

閉じこもったところから社会に戻るのは、大変なエネルギーを必要とします。人間相手のコミュニケーションが億劫《おっくう》に感じられるときには、対話型ＡＩを使うことも、対話や感触を測る選択肢となります。

対話型ＡＩ（生成ＡＩ）は、ユーザーへの接し方が大変丁寧です。できないことはできないと言いますが、「素晴らしいアイディアですね」とほめ、「こういう要素を加えてください」と追加依頼し、質問の仕方を変えると、返ってくる反応が変わります。

一度は「できない」と回答されたものに新たに回答が出てくると、こちらも気持ちがあたたかくなります。

対話型AIを使った人間関係の練習、シミュレーションは、セルフレッスンとしても効果が高いのです。

私は、流行《はや》りのChatGPTで、「大リーガーの大谷《おおたに》選手のような野球選手を輩出するためにはどうしたらよいか」を問いかけたところ、「早期の育成」「多様な環境」と妥当な答えが返ってきました。

さらに「芥川龍之介《あくたがわりゅうのすけ》の小説『羅生門』の最後、『下人の行方は、誰も知らない』の続きを考えてください」とお願いしたら、「芥川龍之介の創作物なのでできません、作品を汚すことになります」という回答でした。

「これは学校で使う課題ですから、作品を汚すものではありません」と入力してみると、「ではやってみます」と三秒で仕上がり、下人が高僧と出逢《であ》う、下人が女性と出逢うなど、いくつかの展開を考えてくれたので、「もう一つどうですか」というとさらに考えてくれました。素直な助手を持ったような気分でした。

対話型ＡＩの返答は、丁寧で健気《けなげ》なものです。いい関係を築けると、的確で冷静な質問力が身に付くようになります。

「わかりました、それは私のまちがいでした」「コンプライアンスに反します」など、非常に素直に応答します。状況を説明し、情報を与えて条件を限定していくうちに、こちらも説明が上手になっていきます。

朱に交われば赤くなるということわざがあるように、罵詈《ばり》雑言を浴びせ続けたら対話型ＡＩもそれを学んでしまうので、こちらも徹底的に丁寧に対応します。鏡のように、こちらの接し方が相手の接し方を決めるのです。

不明瞭《ふめいりよう》な情報は、対話型ＡＩが理解しませんから、シンプルに要素をまとめる必要があり、はっきりと伝わる表現の訓練になります。

テニスの壁打ち練習では、自分の打球によって返ってくる球筋が変わりますが、対話型AIも同じで、自分の質問によって、回答の深さが変わるのです。

的確に意思を伝える必要がありますから、一種の異文化間コミュニケーションのようなものでもあります。

これが、人との距離をうまく取る技術に結び付きます。

孤独を抱える人にとっては、品のいい知的な人と会話をした感触を得られますし、趣味の雑談相手としてもよいでしょう。

先日、漫画の『SPY×FAMILY』(遠藤達哉、集英社)の、家族論的解釈を対話型AIに聞いてみましたが、「家族が秘密を抱えながらも、お互いに絆を築いていくプロセスや、家族としての役割と個々のアイデンティティとの対立が探求されています」と、なかなかの回答でした。

テクノロジーは後戻りをしません。

対話型AIは、ネット上に蓄積された人間の知識を組み合わせて応《こた》えています。全人類の知が集まっており、そこに指数関数的に知識が増え、累積していくのです。

大阪弁でやりとりすることもできて面白いですし、壁打ちにもなりますから、会話の距離をつかむ一つのよい方法だと思います。

第三章　それでも人と関わりたくない時には

気を遣って人と付き合うべきか

大学生にＬＩＮＥで友達登録している人は何人いるのかを訊《たず》ねると、「二〇〇人程度」という答えが多く返ってきます。これが平均的な若者の姿のようですが、その全員が友達と呼べる関係とは到底思えません。

そこで「本当に打ち解けられる友達は何人いるのか」と訊ねてみると、三～五人という声が多く聞かれました。そうなると二〇〇人のほとんどは、それなりに気を遣わなければならない相手です。

そういう相手との付き合いは、忍耐力のいるものです。相手の気分を害さず、悪く思われないようにと神経を遣います。思うような反応がないと傷つきますし、反応があったらあったで、今度は「さらに返信すべきか」「いつどう返信すべきか」と、また悩みます。

メッセージやおしゃべりは必ずしも悪いものではありません。良い気分転換になりますし、私も大好きです。**しかし頻度が多く、継続時間が長いと、泥沼にはまり込み、抜け出しづらくなります。**

「心のエネルギーが漏電している状態」から抜け出そう

日常的にやりとりする相手が増え、間隔が短く且つ頻度が高くなると、間が取りづらいなど、心をざわめかせる要素がたくさん出てきます。

一言でいえば、現代は「心のざわめきが止まらない時代」なのです。

「明鏡止水」は、雑念がなく（明鏡）、静かに落ち着いて澄みきった（止水）心を意味する四字熟語ですが、現代人の心の水面にはこれと逆に、次々と情報が入り、止水になる隙がなく、常に雑念が生まれる構造になっているのです。

人に言葉を掛け／掛けられるたびに、心に波紋が広がります。その波紋が消えたら、また石が投げ込まれて波紋が広がる。どっぷり浸ると、湖面に常に石が投げこまれ、数多くの波紋が広がって波紋同士が干渉し合っている状態が生じます。

日々のやりとりに時間とエネルギーを取られ、他のことが手につかない状態はまさに「心のエネルギーの漏電状態」です。

それがもたらす最も大きな弊害は、自我が侵食されることです。

そのため、コミュニケーションの良さを享受しながら、弊害を解消する方法を考えなければなりません。

一八八〇年代に精神分析学を打ち立てたジークムント・フロイトは、人間の精神構造は「イド」「エゴ」「スーパーエゴ」の三層からなっているとしました。

イドは、人間の無意識からわき起こる欲動（欲への衝動）です。

しかし、人が皆イドだけに従って生きていると社会が成り立ちません。社会にはルールや道徳などの規範が必要です。人間は、幼少期に主に親を通じて行動規範意識を身に付け、社会からも影響を受けながら人格が形成されていきます。個々人が、社会に適応するための行動規範を自分なりに身に付け、形成された意識が、スーパーエゴです。

無意識から出る「〜がしたい」という欲動と、社会からの影響で身に付けた「〜をすべき」というスーパーエゴのバランスを取って、「自分」を成り立たせているのがエゴ（自我）です。

エゴというと「エゴイスト」とか「自己中心的」のニュアンスが強く、良い印象を持たない人が多いかもしれません。**しかしエゴ（自我）は人が生きていく上で必要なもので、これが不安定になると社会生活に支障が出ることもあります。**

エゴは、他者とのコミュニケーションによって侵食されることがあります。

基本的に他者とのコミュニケーションは人の気を循環させ、生命のエネルギーを高めていくものですが、それがうまくいかないと自我が侵食されて傷つきやすくなります。
その結果、人と交わりたくないという気持ちが生じるのです。

それでも人と関わりたくない時には

人には、「今はどうしても人と関わりたくない」と強く思う時期がしばしば訪れるものです。

そんな時にお薦めしたいのは、ロシアの文豪フョードル・ドストエフスキーの作品、『地下室の手記』（江川卓《えがわたく》訳、新潮文庫）です。

主人公は世の中を疎んで、ある時からずっと地下に潜って生活し始め、独自な世界観を構築します。ドストエフスキーはこの小説を書き上げたのち、『罪と罰』『カラマーゾフの兄弟』などの代表作を生み出すことになり、『地下室の手記』は重要な転機となった作品です。

じっくりため、育《はぐく》み、熟成させるプロセスを経た表現が、斬新で深みのあるものになったのです。

「ぼくは病んだ人間だ……ぼくは意地の悪い人間だ。およそ人好きのしない男だ」と、絶望的な表現からこの小説は始まります。

「ぼくは意地悪どころか、結局、何者にもなれなかった」

四十歳の主人公は、極端に過剰な自意識の持ち主で、一般社会とうまく関係が切り結べない男です。小官吏だったのですが、今は無職で社会との関係を断ち切って、人間関係が苦手なので、地下室に入り込んだような感じで生きています。そして自分自身について語り始めます。

人にはこの主人公のように、心がくすぶってしまう時があるものです。ドストエフスキーは十九世紀の作家ですが、先見の明がありました。**自分の内にこもりたいという欲求が強まる時代には、「心の中に地下室を持つ」ことをお勧めします。**

八方ふさがりの自身の状況をとことんまで客観的に見つめると、不安定な状態が逆転し、強度な自意識の存在に辿《たど》りつくことがあります。

この主人公は、リラックスして人に会うことができません。

他人が自分を低く見ているんじゃないか、と思ってしまう、自意識の病があるのです。

承認欲求というものは肥大していくので、最初は小さくうっすらと芽生えた感情が、「少しでも馬鹿にされると嫌」と育っていってしまうものです。そして、傷つくくらいならいっそ他人と交わらないという方向に次第に閉じこもってしまいがちです。

「自分は、他の人間と違う」という膨れ上がった自尊心にはまる時期は、若いうちには往々にしてあるものです。

その時は、自分にとって安心できる心の地下室を作って、そこでの充実度を高めてみてはいかがでしょうか。

誰とも交流しない地下室生活は、現代生活では簡単ではありませんし、不健康なことですが、通常よりは人との交流を減らし、物事に集中する時期、読書や勉強、創作などに没頭する時期も、人生の中で一度は必要だと思います。

一方、そういうプロセスを経ていない表現は、少量の水を入れてはピュッピュッと出している水鉄砲のように、弱々しい薄っぺらなものになるでしょう。どんな分野でも、大成しようと思うなら、孤独に没頭する時期が必要です。

その時代をくぐり抜けると、何か衝撃があった時にも、自分が戻れる地下室、すなわちシェルターがあることが、安全弁になります。

ただし、本気で他人とかかわること自体を拒否した場合、その世界から出られなくなるリスクがあります。

あくまでも内省は一時的なものとして、そこから出る日を自分で思い描きながら、自分なりの「地下室」でとことん思索をしてみるのです。

ハードに閉じこもる場を持つことで、外に対して柔らかくなることができるなら、こもることも選択肢に入れるべきです。

人は、逃げ場がないと苦しいものです。

同じ思いが自分の中に渦巻いてしまう時は、溜《た》めてしまうより、書き出して自分を客観的に解析し、表現をしてみましょう。

自分自身を表現することを生業《なりわい》とした一人に、生涯自画像を描き続けたメキシコの画家フリーダ・カーロがいます。フリーダは、バスの交通事故で大怪我をして、立ち上がれない身体になります。自画像を描き、傷ついた主観としての自分を表現することで昇華される感情があり、そして歴史に残る素晴らしい絵画が生まれていったのです。

何もしていない状態は、人間にとって苦しいものです。こんな人間もいるとわかってほしいという気持ちで日記を書くことで、メンタルにいい効果が表れることがあります。

沈潜することで自我を癒す

ネット空間は、人との距離を保ちながら、情報が得られる便利なものですが、沈潜をしにくくさせるものでもあります。

自分がネット空間に依存していると思う人は、一日数十分から、インターネットをオフにする時間を持ってみましょう。

そうして、自分一人の世界に没頭する時間を作るのです。海の中の深い世界に潜り込むように、完全に周囲の雑音をシャットアウトして自分一人の世界に浸るイメージです。

お金を生み出すだけではなく、**時間を使って気持ちを紛らわしていくことも、生きていく上での大事な仕事といえます。**

沈潜する時間を持つことによって、さまざまな人間関係の中で疲れ気味な自分を、リフレッシュさせることができます。もし自我が傷つきかけているなら、その傷を修復して癒《いや》すこともできます。

傷つきにくくなれば、さまざまな人と適切な距離を取りやすくなり、さまざまな人と、心の通った濃厚な交流ができるようになります。

心の通わない交流は人を疲れさせますが、心の通った交流は人に安らぎと良い刺激を与え、その人を元気にさせます。一見矛盾しているようですが、**豊かな人間関係を築くためには、他者との交流を断つ時間も必要です。**

哲学者ニーチェは、代表作『ツァラトゥストラ』（丘沢静也《おかざわしずや》訳、光文社古典新訳文庫）の中で、こう書いています。

「孤独のなかへ逃げろ！　みじめな小物たちの、あまりにも近くで、君は暮らしてきた。目に見えない連中の復讐から逃げろ！　君にたいして連中は復讐しかしない。

連中に手をあげるのは、もうやめろ！　連中は無数にいる。ハエたたきになるのは君の運命じゃない」

「みじめな小物」とは、他人の批判に明け暮れているだけの人間で、そういう人間たちが、群れとなって自分の周りでブンブンと蝿のようにうるさく言ってくると、つい蝿を叩《たた》くように相手に反応してしまいがちになります。

しかしいちいち他人に反応していては、集中力が散漫になる原因になります。そういう意味をこめて、ニーチェは「ハエたたきになるな」と言っているのです。

ニーチェ自身、孤独な中で思索を深め、後世に大きな影響を与える著作を何冊も完成させました。『ツァラトゥストラ』が書かれた一八八〇年代はニーチェにとって、大失恋、深刻化する病気、心酔していたワーグナーとの葛藤《かっとう》があり、さらに自身の思想が世の中に受け入れられず、著作も売れないという、過酷な状況でした。

どん底の中で、ニーチェは思索を深め、現代にも影響を与える優れた思想を生み出していったのです。孤独という人との関係が絶たれたニュアンスがありますので、集中する時間をもつという積極的な意味をこめて「沈潜する」ことをお勧めします。

コミュニケーションがうまいことと沈潜することとは、矛盾するように見えるかもしれませんが、自分の中に誰も侵すことができない領域を作るためには、深海魚になる時期が必要なのです。

自分という存在を見極める年齢

好きな食べ物については、人は得てして自覚的なものですが、こういう場所は楽でこういう場所は窮屈だ、ということは、自分でも見極めるのに案外時間がかかるものです。

十代、二十代は自分のアイデンティティを模索する時期です。自分という存在を見極める年齢の目安は、三十歳に置いてみるとよいと思います。

自分の可能性についてあまり早い段階で結論を出してしまうと、よい機会も逃してしまいかねませんが、三十歳は、好みの場所、人間関係の在り方が自分の中で振り分けられていく年齢です。何に自分が疲れ何には疲れないのか、判断に客観性も出てくる頃合いです。

先述の漫画家、つげ義春さんは、貧しいバラックの家やさびれた温泉宿に安らぎを見出《みいだ》しました。

会社は苦手でも、釣りのコミュニティの人間関係なら大丈夫、ということはないでしょうか。

現代ではフリーランスになって自分のペースで仕事をすることも可能ですから、会社勤めこそが社会に属することだ、などと自分を縛らずに、自分がリラックスできる場を生きる場として自由に検討してみるのがよいと思います。

日本社会はここ八十年近く、第二次世界大戦の敗戦からの復興、そして高度経済成長と時代全体に怒濤《どとう》感があり、流れるプールの中を歩くことで、社会全体で一つの渦を作ってきました。いわゆるこの「護送船団方式」の余波は続き、仕事の場では皆勤賞が当たり前とされ、苦難を馬力で乗り越えていくことが社会的に求められました。

しかし日本経済が下り坂に入り、環境問題が深刻化した現代、**自分の面倒は自分でみなければならない時代に突入した**のです。

社会と自分との相性がわかったところで、自分の生きていく算段を考えてみましょう。

友人に守られている感覚

そういう時代の中で理想的なのは、**友人たちに守られている感覚**です。

信頼できる友人関係を築くことは容易ではありませんが、それに挑戦した人物が、ある漫画の中にいます。

『聲《こえ》の形』（講談社）という漫画は、硝子《しょうこ》と将也《しょうや》の二人の物語です。硝子は、小学校に転校してきて将也と同じクラスになりますが、耳が聞こえにくく、発声もうまくいかない硝子を将也はからかい、補聴器を壊してしまいます。

高校生になり贖罪《しょくざい》意識を感じた将也は、あの時の時間を取り戻してあげなければという思いから、硝子にかかわっていきます。

この作品の漫画表現上、面白いのは、将也の苦手な相手の顔に、バツ印が出てくることです。話のできない相手の顔にバツ印が付いている。クラスのほぼ全員にバツ印が付いた状態が続くのですが、ペロっととれる瞬間もあります。

いじめっ子としてふるまっていた将也の側には、深い孤立感があります。このバツ印は心象風景としては将也にとっての実景ですが、硝子の顔には一度もこのバツ印が出ることはありません。

漫画の中で、硝子と将也の距離も、葛藤を経て縮まっていきます。

将也は、自分がいじめていた硝子に、安心を与えたいと思うようになるのです。

この漫画では、登場人物の誰もが自分の中に、言葉と行動のちぐはぐさを抱えていて、そのことに強く悩んでいます。自分が受け取った印象を、相手は必ずしも意図していなかったということ、いじめる側、いじめられる側双方の心の変化が、丁寧に描かれています。

私も将也のように、周囲がバツ印に見えるかのような思いをしたことがあります。その際に思ったのは、いっそ「最高裁で会いましょう」くらいに考え、相手ととことん戦うと決めれば自分の身を守ることができる、ということです。最終段階を心に決めると気が楽になり、戦いからはむしろ離れました。

相手との間に何かしらのワンクッションを置くことができれば、ストレスが減じ、自分とともに戦ってくれる人がいたら、その人はかけがえのない友人となります。

自分と同じ悩みを抱える人の話を読んでみる

心が傷つきやすい人、人との間合いが取れない人は、同じ悩みを抱える主人公の話を読んでみましょう。

同じような悩みを持っている人の話を読むと、自分の状態を客観視できるようになりますし、自分よりもっとひどい人がいることを知るだけで、精神的に楽になることがあります。

本を通じて偉大な作家と対話することには、じんわりとした温かさが感じられます。私はこれを、「読書の遠赤外線効果」と呼んでいます。目に見えない遠赤外線によって、体の芯《しん》までじっくり温まる感覚です。いつまでたっても冷えにくいのです。「死んだあとも魂が残る」こと、「魂がつながり合う」ことの実感ができる、大切な機会です。

読書の良さは、「内なる他者との会話が起きる」ことにあります。

古くから読み継がれている文豪の文章は、読者にずしりと重いテーマを投げかけて魂を揺さぶります。そうして、自分の中で対話が起こるのです。

たとえばドストエフスキーの『罪と罰』。殺人を犯した主人公のラスコーリニコフに、読者は反発と同時に自分がその立場になったらと想像するでしょう。ドストエフスキーの思考の深度が、読む側に入ってくるのです。

読書は思考を深く掘り下げ、新たな地下水脈を見つける試みで、古今東西の教養人とつながる知の水脈です。

哲学者デカルトは、読書の効用について、著書の『方法序説』（谷川多佳子《たにがわたかこ》訳、岩波文庫）の中で、「歴史上の記憶すべき出来事は精神を奮い立たせ、思慮をもって読めば判断力を養う助けとなる」と述べ、さらに、「すべて良書を読むことは、著者である過去の世紀の一流の人びとと親しく語り合うようなもので、しかもその会話は、かれらの思想の最上のものだけを見せてくれる、入念な準備のなされたものだ」と述べています。

過去の一流の人々と対話することは、精神を奮い立たせ、判断力を養う助けにもなります。

デカルトは、「手に入ったものは、すべて読破した」といい、実際に「もっとも秘伝的で稀有《けう》とされている学問」と言われる占星術や錬金術、手相術、光学的魔術に至るまで、入手できた書物は全部読んだということです。

身の回りにお手本になる大人がいないと、ガッカリする必要はありません。

本を開けば、必ずや過去の一流の人たちと出会うことができるのです。

古典を自分の中に取り入れることは、一種の遠い星、北極星のような確たる存在を得ることです。遠くにあるものを目印にし、自分の相対的な位置を測ることができます。

遠くで同じ位置にそびえる大きな存在は、人生を歩んでいく上でよい目標物になります。それを手がかりにすると、今の自分がどこにいて、どこへ歩いて行こうとしているのかが見えやすくなります。

家族も世代も超えた心の交流

家族も世代も超えた深い心の交流を描き、ひと際強く印象に残る名作が、江戸から大正期に生きた作家、夏目漱石《なつめそうせき》の作品『こころ』（新潮文庫）です。皆さんも学校の教科書で読まれたのではないでしょうか。

この小説に登場する先生は、陰のある人間です。

「私」という学生は、鎌倉《かまくら》の浜で、隠遁《いんとん》同様の生活をしている先生に出会います。

この人はなぜ社会で有用な働き方をしていないのだろうと訝《いぶか》しがりますが、先生は世に出て活躍することを自分自身で制限しており、「私は淋《さび》しい人間です」と自ら言うのです。

「ことによると貴方《あなた》も淋しい人間じゃないですか。私は淋しくっても年を取っているから、動かずにいられるが、若いあなたはそうは行かないのでしょう。動けるだけ動きたいのでしょう。動いて何かに打《ぶ》つかりたいのでしょう」

この先生の言葉には、社会から外れた人間特有の暗さがあります。

さらに先生は、若いうち程淋しいものはないが、自分には「その淋しさを根元《ねもと》から引き抜いて上げるだけの力がない」と付け加えます。

歳を取ると人は運動性が低くなり、感情によって行動することは比較的減るものですが、若いうちは淋しいと動き回るというのです。

「私」は、過去を背負った先生に、絡んでいきます。先生には、奥さんにも言えない秘密がありました。

何を隠しているのかと問う「私」に向かって、先生は「あなたは本当に真面目なんですか」と問いかけます。先生は、自分の血を浴びる覚悟はあるのか、と「私」に対して問いかけます。

感性と頭の良さを持つ青年と出会い、自分のいなくなった後にも愛する妻を任せられる人だと確信をした先生は、さらにこんな言葉を繰り出します。

「死ぬ前にたった一人で好いから、他《ひと》を信用して死にたいと思っている。あなたはそのたった一人になれますか」

という、とてつもない重量の言葉が交わされるのです。

他人の秘密を打ち明けられた時に受け止められますか、と先生は直球で「私」に問いかけています。

この小説を読んだ小学生が葉書を送ったところ、夏目漱石は「子どもが読むようなものではありません」と返信を書いたという程、本作は人間の真理に迫る小説なのです。

先生は、信頼している親戚《しんせき》に欺かれ、人間不信に陥っていました。人間一般を憎むようになっていたのです。

閉じこもった人の回路を開く

先生は心に壁を作りますが、これは理由がある壁です。

先生も、誰かたった一人には聞いてもらいたい気持ちを抱いています。

この登場人物たちは、時代特有の真面目さを持っていますので、この密度の距離感は現代人にはリアルではないかもしれませんが、**壁を作ってしまった人との間の、回路の開き**

方の参考になります。

この人になら本当のことを言えると、先生は「私」に回路を開くのです。

自分の持っている何かを伝えたいという思いが、世代を超えた出会いを可能にしました。「人生そのものから生きた教訓を得たい」という「私」に対し、先生は手紙を書き始めます。

「世間と交渉のない孤独な人間」が、「義務という程の義務」はない生活の中で、この手紙を書くことが義務となり、先生は生涯の秘密を「私」に打ち明け、すべてを腹の中に留《とど》めてくれと言い残します。

真面目な他人同士が出会った時の、深掘り度合いと距離の縮め方が凄《すさ》まじい密度で描かれた日本文学の名作です。

吉田松陰《よしだしょういん》の『留魂録』（古川薫《ふるかわかおる》全訳注、講談社学術文庫）にある歌、「身はたとひ武蔵《むさし》の野辺に朽ちぬとも留め置かまし大和魂」のように、先生は魂魄《こんぱく》を「私」の中に「留め置いた」のです。

『こころ』は、「先生がKを裏切った話」という点がテーマとして取り上げられがちですが、若い「私」が秘密を聞くことになる小説でもあります。

表現が明確でブレがなく、文体の古さを感じさせないため、交わされている言葉が伝わってきます。**他人であった人間同士が、ふとしたきっかけで人生の重大な秘密を共有する、濃い魂の受け渡しを描いた小説でもあるのです。**

太宰の『人間失格』が今も愛される訳

太宰治《だざいおさむ》の『人間失格』（新潮文庫）は、今の若い世代にも共感する人が多い作品です。「恥の多い生涯を送って来ました」という主人公は、人との間がつかめず「自分は隣人と、ほとんど会話が出来ません。何を、どう言ったらいいのか、わからないのです。そこで考え出したのは、道化でした。それは、自分の、人間に対する最後の求愛でした」と言うのです。

人間関係をどうしても思いきれず、「油汗流してのサーヴィス」を他人に対して取り、「一言《ひとこと》も本当の事を言わない子」になるのです。

他人との距離感が危うく、自分の言動に微塵《みじん》も自信を持てず、おどけた変人として過ごしますが、自分が演技していたことを見抜かれ、自己嫌悪に陥ります。やがて、「世間とは個人じゃないか」と、世間の正体に気づくのです。

漠然とした不安にどういう風に対処していくかに悩んだ結果、道化という形でしか他人と関われず、やがて薬物中毒になっていきます。圧倒的に共感しづらいタイプのはずなのに、読者はなぜか主人公の世界に引き込まれ、共感させられてしまいます。

多くの人は人間関係に困難な思いを抱えながら無理しておどけて、なんとか反応していて、困難と疲労感を覚える人たちが多いのでしょう。

本当に自分が「人間失格」になると大変ですから、太宰を読みながら、自分の気持ちを整え直しましょう。

内面に向き合いながら生きてしまった人生を読むことで、自分の気持ちがむしろ浮上する、そのような効果が小説には期待されます。

一〇〇人の中のたった一人が言った誹謗《ひぼう》中傷を世間全体が言っているように受け止め、人間全体を憎むと調子が狂ってしまいます。一は一です。中傷を肥大化させるのは精神衛生によくありません。

脳も精神も感情も鍛錬する読書

認知神経科学や発達心理学の研究者であるとともに読字障害研究者でもあるメアリア

ン・ウルフは、『プルーストとイカ　読書は脳をどのように変えるのか？』（小松淳子《こまつじゅんこ》訳、インターシフト）という書籍で、読書がいかに人間の知的能力と精神性を高め、さらに幸福感をもたらしてくれるかを、脳科学的な知見を交えて解説しています。

メアリアン・ウルフは読字障害の問題に取り組むなかで、**本を読むという作業がいかに高度で複雑なものであるかを知り、同時にそれがいかに精神性を高めるかと認識するに至りました。**

題名にあるプルーストとは、大作『失われた時を求めて』の作者マルセル・プルーストのことです。

「プルーストは読書を、人間が本来ならば遭遇することも理解することもなく終わってしまう幾千もの現実に触れることのできる、一種の知的〝聖域〟と考えていた」とメアリアン・ウルフは書いています。そうしたことからプルーストが、読書が人間にもたらす精神的な高みや喜びの象徴とされています。

またイカは神経の情報伝達のメカニズムを解明するために研究対象として用いられた生物であり、本書では脳神経メカニズムの象徴とされています。

人間が生まれてから大人になるまでの間に、読書によって脳の機能と精神性を高めていくことができ、「心に思い描ける自分の未来像をも変化させる」のです。

読書経験で脳は進化する

人は子ども時代に文字を覚えて読書をすることで、文字の意味を理解できるようになります。最初は文字の意味を一つ一つ理解していくことに時間がかかりますが、本を読む訓練をしていくうちに脳の働きも高度化し、文字を追いながら流れるように内容が理解できる「流暢《りゅうちょう》な解読者」になっていきます。

ところが現実には、読書訓練が足りないために「流暢な解読者」になれないままの子どもが実にたくさんおり、それが今の教育の大きな課題であると著者は述べています。

流暢な解読者になった人がさらに読書を続けていくと、脳の働きが一段と高度化して、「戦略的な読み手」に進化します。

「戦略的な読み手」については、読字に関する研究者であるリチャード・ヴァッカの言葉を引用して、「読む前、読んでいるあいだ、読んだ後に予備知識をどのように働かせればよいか、文章のなかで何が重要であるかをどうやって判断するか、情報をどのように合成するか、読んでいるあいだと読んだ後にどうやって推論を導き出すか、どのように質問するか、そして、いかにして自己モニターを行い、読解に欠陥があれば修復するかを知っている読み手」としています。

「戦略的な読み手」は、文章の裏に隠された意味を読み解き、他で得た知識も参照しながら自分なりの考えを発展させ、今までの読解や理解に問題があれば、自主的に修復していくようなより高度な読み手です。

読み手として進化していくと、やがて「果てしない思考こそ最も素晴らしい」と考えられるようになり、いくらでも読書や思考を続け、喜びと感じられる脳になります。

高度な脳機能を持った熟達した読み手としての能力を高めながら、本の世界により深く没入、感情移入すると、喜びや嫌悪感、恐怖心、高揚感などさまざまな感情を味わい経験できます。

つまり**読書体験を重ねることで、現実世界の人物に対しても、柔らかい想像力を発揮できるようになるのです。**

ネットで情報を取ることと、読書の違いはここにあります。

読書の意義について、著者のメアリアン・ウルフはこう言います。

「読者は没頭することによって、本の世界に招待され、その本の中で生き、さまざまなことを経験してさまざまなことを学ぶのだ」

優れた人格を自分の中に息づかせる

メアリアン・ウルフは本書で、スペインの作家、カルロス・ルイス・サフォンの『風の影』（木村《きむら》裕美《ひろみ》訳、集英社文庫）という小説にも触れています。主人公のダニエルという少年は、古書店主の父親に「忘れられた本の墓場」と呼ばれる謎めいた図書館に連れて行かれ、こう言われます。

「ここは神秘の場所なんだよ、ダニエル、聖域なんだ。おまえが見ている本の一冊一冊、一巻一巻に魂が宿っている。本を書いた人間の魂と、その本を読んで、その本と人生をともにしたり、それを夢みた人たちの魂だ。一冊の本が人の手から手にわたるたびに、そして誰かがページに目を走らせるたびに、その本の精神は育まれて、強くなっていくんだよ」

私も読みましたが、本への憧れを掻き立ててくれる小説です。

この文章を引用したメアリアン・ウルフは、「登場人物を自分と重ね合わせることにより、若い読み手たちは自分の人生の境界を広げる」と続けます。

読書は人生の境界を広げ、目の前には存在しない著者や登場人物との人格的な交流を生み、そこから深い考察や思考が得られます。

人は新しい永続的な何か、新しい人間関係を、読書を通じて学び取るのです。

何十年何百年、あるいはそれ以上読み継がれてきた本には、人の魂を揺さぶる力があります。本を通じて古典の作者と対話することで、優れた人格を自分の中に取り入れることができます。**優れた人格を自分の中に取り入れ、豊かな人格の森を作ることができれば、自分の時間は、滅多なことでは侵食されなくなります。**

ソクラテスや孔子《こうし》は二千五百年前の人物ですが、いまだに人々の考え方に影響を与え続けています。優れた本を繰り返し読み、作者の人格を自分の中に息づかせることは、大きな力になります。

しかし一人の人物に傾倒してしまうと、偏った考え方になりかねません。**心の中に複数の優れた人格を息づかせることで、厚みのある考え方や人格が形成されるのです。**

私が学生の頃は、カール・マルクスに傾倒する大学生が多くいました。大学でも、哲学者の廣松渉《ひろまつわたる》さんの『マルクス主義の地平』、社会学の見田宗介《みたむねすけ》さんによる『現代社会の存立構造』などが、幅広く読まれていました。

確かにマルクスは非常に優れた思想家で経済学や社会学の進歩に大きく貢献し、今でも大きな影響を与え続けており、人格の森の中の一人にする価値がある人です。しかし一人の思想家を信奉し神格化するのではなく、森林にたとえれば、多種多様な植物が育つ中に、多様な動物や昆虫が存在するのが、生態系の豊かさです。

自分の中に自分一人だけではなく、何人もの人格を息づかせて人間との交わりにおいても、「人格の森」を作ることを目指してゆくのがよいと思います。**多様性のある「人格の森」は、実際の人間関係の構築にも大きく影響します。**

時代を超えた人格と交わる

人と人との関係に過敏にならない、しなやかで強い自我を作るのには、読書が最適です。**物語の世界に身を置き、知らない事実に触れ、いろいろな考え方を知り、自分自身を見つめ直すことで、他者に侵食されない自分、他者に侵食されてもすぐに修復できる自分ができあがっていきます。**

世界的なヒット小説『薔薇《ばら》の名前』の作者であり哲学者としても有名なウンベルト・エーコと、映画『存在の耐えられない軽さ』などで有名な脚本家のジャン＝クロード・カリエールの二人は、『もうすぐ絶滅するという紙の書物について』（阪急コミュニケーションズ）という本の中で、書物の持つ精神性や神聖さについて語り合っています。
人が書いたものが本の形になると一種の人格や精神性を秘めたものとなり、聖書のように崇拝の対象にすらなることがあります。

私自身、「本には人格がある」という感覚を大切に思っています。

本を本棚に入れると、そこにその人がいるという感じが生じ、本棚は祭壇のようにも感じられます。

本棚を持つと、自分が今まで言葉を交わしてきた過去の偉人たちのラインナップとなり、その人たちが本棚にいるという感覚になります。

全集は、作家の人格を濃密に感じさせます。私の書棚には『一茶《いっさ》全集』がありますが、全作品載っていると思うと重みを感じますし、一茶がいるという感じさえします。その人に対する思いがより強くなり、より近い存在だという思いがわき起こります。

この世にいない人との間の時空を超えた人格交流は、現実の人と人との距離感を養うのにも役立ちます。

私は中学生の時に、勝海舟《かつかいしゅう》の『氷川《ひかわ》清話』の文庫を鞄《かばん》に入れ、毎日のように読んでいました。おかげで文言の多くを覚えてしまいました。勝海舟のテンポのいい語り、人間の器の大きさが感じられて好きだったのです。同じ本を一年間も持って歩くと、体にしみこむように馴染《なじ》んで自分の中に住み込んできて、勝海舟がしゃべりそうなことが、自然と思い浮かんでくるようになりました。

何度も読み返したい本に出会ったら、しばらくの間持ち歩くと、人生を共に歩んだ本だという感慨を抱くことができます。

『氷川清話』には、「知己を千載の下に待つ」とあり、自分を理解する人間は千年後に現れる、すなわち自分の語ることは、千年色褪《あ》せない本質的なものだと述べています。

このように、優れた書籍は時空を超えて、影響を与え続けるのです。

自分の中に寛容さを育てる

寛容さは、良い距離感を作るための大切な要素です。少しでも気に食わないと相手を徹底的に叩いて排除しようと不寛容になっては、穏やかで豊かな人間関係は築けません。

現代人はこの寛容さが、欠けているようにも思われます。

常に緊張を抱え、叩かれる対象にならないよう怯《おび》えながら「目立たないようにおとなしくしておくのが得策」と、皆がおとなしくしているのが、今の社会の姿のように思えます。

他者との良い距離感、豊かな人間関係を築くためには、寛容さを植物のように自分の中に育てていくことが大事です。

観葉植物も人の心を和ませてくれますが、それ以上に心を和ませてくれるのが、各自心で育む「寛容植物」です。「寛容植物を自分の中に育てましょう」と、私はダジャレのように言っています。他人を許せないときには、愚痴を聞いてくれる相手に瞬間的にはき出してスッキリする。愚痴を言い続けていると心が荒《すさ》んできますし、どんどんエスカレートするようでは逆効果になりますので、できれば三分くらいにとどめて、気分を切り替えられるように練習しましょう。

寛容さを保つためには、自分なりの癒しの手段を意識的に持つのも大事です。

私は犬と暮らしており、犬が私にとっての大事な癒しです。猫でも魚でも小鳥でも、健《けな》気《げ》に生きている様子を見るのは癒されるものです。植物の世話をしたり、散歩して外の空気を味わったりと、自分にとっての癒しの時間や癒しの空間があると、それでだいぶ気分がリセットされ、寛容さを取り戻すことができます。

古い時代の話から、自分を客観視する

古い時代の世界に浸ることはそれだけで癒しの効果があり、現代を生きるヒントも多く得られます。

江戸時代の人間関係や生活は、今の私たちから見ても不思議となつかしさが感じられ、ほっとさせられます。

現代と比べると、江戸時代の人は死に対する恐怖が薄く、自分の財産に対する意識は少なく、助け合いながら暮らしていました。「人間はこういう暮らしでも生きられる」「人間関係でこういう間の取り方もあるのか」など、異なる時代を舞台にした書籍には気づきが多くあります。

歴史家の渡辺京二《わたなべきょうじ》さんの著作『逝きし世の面影』（平凡社ライブラリー）は、江戸末期から明治初期に来日した外国人の手紙や手記などを集め、当時の日本人の姿を浮き彫りにした大変な労作です。そこには、異質なものに対しても寛容で好奇心旺盛《おうせい》、オープンな態度であった江戸・明治初期の人たちの姿が浮かんできます。

杉浦日向子《すぎうらひなこ》さんの『お江戸でござる』や、石川英輔《いしかわえいすけ》さんの『大江戸生活事情』をはじめとした大江戸シリーズも、江戸への興味を一段と高めてくれます。池波正太郎《いけなみしょうたろう》さんの『剣客商売』や『鬼平《おにへい》犯科帳』、佐伯泰英《さえきやすひで》さんの『密命』や『居眠り磐音《いわね》』、藤沢周平《ふじさわしゅうへい》さんの海《うな》坂《さか》藩という架空の藩を舞台にした『隠し剣』シリーズや『蝉しぐれ』、漫画では小池《こいけ》一夫《かずお》さん作・小島剛夕さん画の『子連れ狼』、ジョージ秋山《あきやま》さんの『浮浪雲《はぐれ》』など、江戸情緒にどっぷり浸れます。

現在の自分の置かれた状況を客観視するために、他の時代に目を向けて見るのもお勧めです。

私は十代の終わりごろに講談社から出ている『古典落語』のシリーズを熱心に読んでいました。近世文学の研究家の興津要《おきつかなめ》さんが編集した全六巻のシリーズで一九七〇年代に大ベストセラーになり、今ではその一部が講談社学術文庫で出ています。名人たちの落語をカセットテープで何度も何度も聴いていると、ふと江戸時代にタイムスリップしたような感覚を抱き、江戸の風情に心が緩まります。

私の好きな話の一つに、『茶の湯』があります。

大商店の店主だった人が隠居して、お茶を始め、何も知らないのに知ったかぶりをしてお茶会を開き、店子《たなこ》の長屋の住人を招きます。長屋の住人たちもお茶の作法など何も知らないのですが、やはり知ったかぶりをしてお茶をいただきます。大家が淹《い》れたお茶があまりにもまずいので、長屋の住人たちは飲んだふりをしてお菓子だけ食べたり隠れて持ち帰ったり、という話がコミカルに続きます。
『寝床』という落語も、長屋の大家の趣味に、店子が付き合う話です。大家が義太夫を習いはじめ、ものすごく下手で、店子の皆が無理して付き合って聴いているうちに、皆居眠りしてしまうのですが、一人だけ泣いている人がいる。それを見て大家は自分の義太夫に感動していると嬉《うれ》しくなるのですが、その人は「皆が寝てしまって自分の寝床がない」ことに泣いているという落ちです。

江戸時代は人と人との境界線がゆるく、人間関係がオープンで、付き合いがよく、「これが人間の本来の関係性だよな」と思わされるものがあります。

江戸っ子はせっかちだといいますが、基本的には気持ちがゆったりしており、人づきあいの良さ、温かみは見習いたいところです。

第四章　さっぱりした付き合い「淡交」

自分のアイデンティティを出す

自分を主張せず、周囲に同調し、相手の意見を「そういうもんだろうな」と受け入れてばかりいては、自分が細っていきます。

アイデンティティの確立には、世間との距離感を上手に取ることが不可欠です。「自分がどういう存在なのか」は、社会全体つまり世間からの目と強い関わりがあります。

アメリカの発達心理学者E・H・エリクソンは、一九〇二年にコペンハーゲンのユダヤ人社会の中で生まれ、現在の自我同一性《アイデンティティ》の概念を確立しました。自分が自分であることを意味するこの概念を構築するにあたり、エリクソンは「人間は心理社会《サイコソーシャル》学的な存在」と言っています。

エリクソンが言うように、**アイデンティティの概念は心理と社会の間にあるもので、その重なっているところが大事なのです。「自分は何者なのか」を自分一人で思い煩っているだけでは、アイデンティティは確立されません。**

アイデンティティは単に内発的なものではなく、**「人からどう思われるのか」「自分はどういう社会的存在なのか」と意識するのもその一部です。**

子どもは常に外界にフレッシュな対応をし続けていますが、**自分のアイデンティティを外に出すことは、幼い頃に持っていたフレッシュな対応を忘れないことです。**

アイデンティティが人との距離感に、象徴的に表れている例を、見てみましょう。

イギリスのブライトンに住むブレイディみかこさんは保育士でコラムニストです。話題作『ぼくはイエローでホワイトで、ちょっとブルー』（新潮文庫）には、子どもからブレイディさんが指摘されたこんな言葉が書かれています。

「むかし、やっぱり『ニーハオ』って言われたときに、母ちゃんブチ切れて『私は日本人です』って言って、腰に手を当ててぶわーっと日本語で相手にまくし立てたことがあった。みんな立ち止まって笑ってたけど、あれ、クールだった」

相手が人種を大雑把に括《くく》り決めつけてきたのに対し、怒って譲らず、新鮮な抵抗感を露わに主張することで、自分の立場をはっきりさせたのです。そうしたお母さんの姿を思い出した十一歳の息子は、こう加えます。

「あれは笑えるからいいと思うよ、母ちゃんはあの感じ、忘れないほうがいい」

対立して場を殺伐とさせるのではなく、思い切り日本語で言い返すことで、周りが立ち止まって笑っちゃうほどの怒り加減がクールだというのです。素敵な息子さんです。

さらに息子から「母ちゃんは、自分のこと東洋人《オリエンタル》だと思ってるよね」と、聞かれた時の会話が記されています。

息子は、「日本に行けば『ガイジン』って言われるし、こっちでは『チンク』とか言われるから、僕はどっちにも属さない」「どこかに属している人は、属してない人のことをいじめたりする」と、母に言います。

子どもの知性が出ている印象的な場面ですが、著者のブレイディみかこさんは息子のこの発言を聞いて、中国人の少年が息子の学校の生徒会長になったことに自分も「胸のすくような思い」を感じ、自分が東洋人に対する帰属意識を持っていることに改めて気付きます。

「違う人種の両親から生まれた子は、みんな同じようなことを考えてるんじゃないかな。きっと一度はアイデンティティで悩んだことがあると思う」とブレイディみかこさんは息子に言います。

親子はここで大変難しい問題に向き合い、語り合うのですが、難しいアイデンティティだからこそ、親子関係が強くなることを感じさせられるシーンでもあります。

同じ書籍に、サッカーワールドカップの話題が出てきます。

「W杯の時期には、息子は『東洋人』のひとりではなく、『ジャパニーズ』になるらしい」

健全なナショナリズムがワールドカップの時は解放され、息子はジャパニーズと特定されることである種スッキリする、アイデンティティがクリアになるのです。

周りとの距離感、所属意識は、海外に出た場合、異なる人種のバックグラウンドを抱えた場合、よりいっそう切実に感じられるのです。

海外では、異言語と異なる行動体系を持つ他者の目に対し、どうふるまうかが日々問われます。自分って何者なんだろうと問い直す際にも、他人の目は大事な要素です。

社会を生きていく上で、他者とのかかわりを全く持たず、他者の目線を気にせずに生きることはできません。

他者の目を介して、自分のアイデンティティを肯定的に深掘りすること、そのことが長い人生で、自分を支える軸となるのです。

アイデンティティが揺らぐ環境にある人にとっては、とても励みになる本だと思います。

アメリカでも変化している人間の距離感

元アメリカ大統領夫人のミシェル・オバマさんは、黒人で初めてホワイトハウスに入り、その飾り気のない人柄で大人気を博しました。しかし、ホワイトハウスという特殊な環境の中で、友人と適切な距離を保つのは大変難しい挑戦です。

著書、『心に、光を。不確実な時代を生き抜く』（ＫＡＤＯＫＡＷＡ）の中で、友情について、「わたしは友情を軽く考える人間ではない。真剣に友だちをつくるし、さらに真剣に関係をつづける」と書いています。

友人はミシェルさんにとって命綱であり、友人関係のためにほかの事案を後回しにすることもあるほどなのです。彼女にとって重要なのは、「参加する」こと。

ストレスの多いホワイトハウスの生活の中で、自分の心をリセットするために、日常から自分を切り離すために行う、二泊三日の友人とのキャンプが気分転換となります。

そんな彼女も、「若い人たちと話すと、新しい友人関係をはじめる瞬間への不安やためらいをよく耳にする」と書いているのです。

日本よりはるかにコミュニケーションスキルが高いはずのアメリカでさえ、変わり目に差し掛かっていることを示す一文で、私も大変驚きました。

「リスクを冒すのを恐れて、拒まれることを心配している」というのです。

同著では、二〇二一年の調査によるとアメリカの成人の三分の一が、親しい友人は三人未満しかいないと答えているといいます。**アメリカでも、若い人はリスクを冒したくない**

と言って友達が増えないのです。

ミシェルさんは人と本当のつながりをつくると、すべてがやわらぐので、一歩を踏み出すことが必要だと、一対一の現実世界での関係を通じ現実の人生に触れることを勧めています。また、ソーシャルコンボイ＝社会的な護衛艦隊という心理学用語にも触れており、友達に囲まれていることによってあらゆることから守られる、社会から防御してもらえるということも提示しています。

実際、友人というのは、話すだけでも気が楽になる存在です。

友人というほどの存在でなくとも、周囲の人との日常のちょっとした交流があるだけでも、心の健康度は高まるのです。

さらに言えば、言葉を交わさずとも、いい感じに黙っている時間があることで心が溶けていくような存在が、よい友人です。

大谷翔平選手と栗山英樹監督の距離感のように

二〇二三年の春、2023 WORLD BASEBALL CLASSIC™で、侍ジャパンすなわち日本チームは、決勝でアメリカを三対二で下し、優勝を勝ち取りました。

この決勝戦でひと際目立った活躍をした投手・大谷翔平《しょうへい》選手と、チームを率いた栗山《くりやま》英樹《ひでき》監督との間には、わかりやすいやりとりはありませんでした。

九回のマウンドに大谷選手が上がる意思があるか、所属している球団ロサンゼルス・エンゼルスと登板の話ができているかどうか、栗山監督は通訳を介して、状況を確認しています。

大谷選手自身からは、決勝で投げるという言葉はありません。

二人の間には、親しい中にも距離がありますが、しかしこのシナリオは一分たらずで決まりました。

後に、栗山監督はこう語っています。

「オレは翔平を決勝で行かせようとずっと思っていた。でもアイツは天邪鬼だから、オレが先に『投げろ』と言ったら絶対に投げないんだよね。だから翔平のほうから投げたいと言い出すのを待っていたわけ」

本人が勝ちたくなってスイッチが入ったら自分から行く性格だと、栗山監督は大谷選手の性質を見抜いていました。

「『身体の状態次第』ってことは投げるってことでしょ」

二人のやりとりは簡単ですが、気持ちが高まってきたところでポンと背中を押すという、あっさりとした関係性が窺《うかが》えます。監督からの要求もずけずけしたものでなく、優勝が決まったあとに写真を一緒に撮った時にも、こう話しかけているだけです。

「翔平、ありがとな」「これがオレの最後のユニフォームだよ」

ちょっと感傷的になるシーンのはずですが、その時も大谷選手は「何、言っちゃってんすか。3年後、やればいいじゃないですか」と軽く応じます。

言葉数は少なく、押しつけのない会話ですが、二人が強い信頼関係で結ばれていることが伝わるエピソードです。

距離を詰め過ぎない

唯一無二の天才相手とはいえ、**力を持っているが干渉されたくないタイプの人が力を発揮するのに「自分の気持ちの高まりを大事にする」ことを、指導者の側がよく把握している例かと思います。**

私も大学生と接していて感じることですが、**現代の若者は無駄な干渉をすると力を発揮できないのです。**

栗山監督は、大谷翔平という大選手と距離をうまく取りながら細やかに信頼を伝え続けて、その結果、チームが一つにまとまったのです。

栗山監督は、サヨナラヒットを打った村上宗隆《むらかみむねたか》選手に対しても、上手に距離を取っていました。四番の村上選手でしたが、準決勝のメキシコ戦では不調のために五番になりました。

その村上選手に、栗山監督は「最後はおまえで勝つんだ」という言葉を投げかけます。その結果、村上選手は不調を脱しサヨナラ二塁打を打ち、チームを勝利に導くのです。バントの線もあった状況で、「お前に任せた。思い切っていってこい」とコーチを通じて伝言、村上選手は打つしかないなと思ったといいます。

多くの言葉は必要ありません。不振やミスは織り込み済みだ、という信頼のメッセージを伝えたのです。

このように、現代に求められるリーダー像も、一昔前から変わりました。

相手を伸ばすためだからと、厳しく接するのではなく、**選手が気持ちよくプレイできる環境を整え、ソフトな対応を心がけ、距離も詰めすぎないのが良い**ことがわかります。

あたたかな雰囲気を持ち適度な距離感を維持することが、一般的に好まれる接し方なの

です。

私自身、あまりにも厳しく接すると、学生が授業を辞めていってしまうと気づいてからは、常に微笑みをたたえるようにしています。微笑みをたたえていると、相手に安心感を与えられるのです。

指導の際に怒ったり怒鳴ったりすることは、少なくとも現代の日本社会では必要なく、適切な距離を取るには穏やかに接するだけでうまくいく、というのが私の実感です。

熱すぎたり厳しすぎたりすると若い人は引いてしまうので、適温で接することが大事なのです。

心地よい関係をつくる淡交のすすめ

緩いつながりながら、長く続く関係もあります。頻度が低くても、中身の濃い交流は可能です。

距離感もありつつ、細く長く、それでいてしっかりつながり続ける関係を、「淡交」と呼びます。

中国の古典『荘子』に、「君子の交わりは淡きこと水の如し、小人の交わりは甘きこと醴《あまざけ》の如し」という言葉があります。あまざけのようにベタベタしたつきあいより、水のようにあっさりしたつきあいがいいということです。

互いに相手を理解しながら、無理のない範囲でゆったりやりとりをする。年一度程度のやりとりだからこそ、心を和ませ、刺激を与えてくれる、そういう淡交の仲間が増えると、人間関係が豊かになります。

急用ではない用件、たとえば面白かった本や映画の感想などをメッセージして、「時間ができて気が向いた時にでも、お返事いただければ嬉《うれ》しいです」などと書き添えれば、淡交のメール友達になれるでしょう。

「距離を置く」のは、必ずしも悪い意味ではありません。このぐらいの距離感や頻度でやっていきましょう、というコミュニケーションのテンポ感が共有できればよいのです。

無理のない関係であれば、返事がすぐにこなくてもイライラすることはありません。返事が来れば嬉しい、となります。年に一度の年賀状のやりとりに近い、昔ながらの関係と言ってもよいかもしれません。

また私は犬を飼っていますが、ふつうの人間関係と異なり、犬仲間（犬友《いぬとも》）は犬をめぐる話題については極めてオープンに話します。飼い主同士が、犬に成り代わって話しているようなところがあり、お互いが明るく仲良くすることで、犬も仲良くなるのです。

犬の成長やストレス発散を願って、犬に関しては濃い交わりをする、分野限定の濃い交わりです。

このように全人格的ではない交わりも、気楽なものです。

哲学者のフリードリッヒ・ニーチェは、著書『ニーチェ全集8 悦ばしき知識』（信太《しだ》正三《しょうぞう》訳、ちくま学芸文庫）の中で「星の友情」ということを言っています。

「星の友情。――われわれは友達であったが、互いに疎遠になってしまった。けれど、そうなるべきが当然だったのであり、それを互いに恥じるかのように隠し合ったり晦《くら》まし合ったりしようとは思わない。われわれは、それぞれその目的地と航路とをもっている二艘の船である。（中略）われわれの使命の全能の力が、ふたたびわれわれを分かれ分かれに異なった海洋と地帯へと駆り立てた」

「星の友情」は、思想的に袂《たもと》を分かった音楽家のワーグナーについて書かれたもので、「互いに地上での敵であらざるをえないにしても、われわれの星の友情を信じよう」とまとめられています。場合によっては敵対関係になってしまうかもしれない友であっても、訣別《けつべつ》した後も心の奥底でつながり合っている、という友情関係です。二度と会うこともなく、会話を交わすこともないかもしれない、しかし互いに尊敬し合い、関係を崇高な思想にまで高めようというのです。

直接的なコミュニケーションもない、究極の淡交ですが、それでも心を通じ合わせることはできるのだ、とニーチェは述べています。

『少年ジャンプ』でも、ライバル同士、距離がある関係ながら、お互いを意識し、リスペクトし合うという関係がよく描かれます。敵対し合う中でも、互いを認め合う気持ちが芽生えることもあるのです。

「無駄な時間」を一緒に過ごす

夫婦、親子、恋人、親友は、長時間どっぷり浸《つ》からざるを得ない関係で、人間関係のコアにあたります。その周辺にたくさんの淡交の友がいるのが、もっとも豊かな人間関係だと言えます。

今の大学生たちは、私の学生時代に比べるとだいぶ忙しく、真面目になったこと自体は良いのですが、友達同士で無意味に過ごす時間が取れなくなってしまっている点が気になります。生活のためのアルバイトもあり、なおさら余裕がないのでしょう。

私は中学高校時代、よく父親と夕食後、将棋を指しました。お互い下手なのですが、気が向いた時に共に時間を過ごすことで、親子関係が安定するのです。

家族関係がぎくしゃくしてうまくいかない、親子でコミュニケーションが取れないという悩みは、親子で「無駄な時間を過ごす」機会がなくなってきていることも一因ではないかと思います。

一緒に食事をし、テレビを見たり、ゲームをしたり、散歩や旅行をするなど、できるだけ同じ時間を共有することで、人間関係というものは安定し、ほどよい距離感が生まれるものです。

私が学生の頃は、来る日も来る日も同じ仲間で酒を飲んだり、麻雀《マージャン》をしたりしながら、延々と話をして、日々を過ごしました。一見「無駄な時間」を経たことで、何十年経っても変わらない、良い友達関係を築くことができたのです。

多くの人とつながっていると「誰とでも親しくしなくては」という気持ちになりますが、自分のキャパシティをオーバーして人づきあいをすると、大きなストレスになります。

馬が合わない人と、無理に友達づきあいをする必要はありません。特に、会うと喧嘩《けんか》になりそうな人やどうしても親しみを持てない人とは、意図的に距離を置くことも必要でしょう。無駄な争いをしてエネルギーを浪費するのは、もったいないことです。

友人・知人を、親密な友、淡交の友、距離を置く知人とある程度色分けし、それぞれの友人・知人と適切な距離を取りながら、自分に心地よい人間関係を築いていけばよいのです。


友人関係で大事なのは、心の交流によって癒され、元気になり、新しい発想が生まれ、自分のエネルギーが高められることです。

交わりの頻度が低く、心の交流もできなければ、もはや友達とはいえません。

雑多な人づきあいの中で疲弊し、家族関係までぎくしゃくしてしまう、という悩みを抱える人が多いのが、現代という時代です。


複雑で雑多な人間関係の中で自我を守るだけでなく、強くてしなやかな自我へと鍛えていく具体的な方法について考えてみたいと思います。

距離感に「作法」を作る

地方出身者が、たまに地元に帰り旧友と会うのも、淡交の一種です。私は地元の静岡に帰省した際にはよく、旧友と会いますが、会うたびに心が癒されますし、自分にとってなくてはならない関係です。

学生時代には、「月一の読書会」を一緒に開く友達がいました。月一がバランス的に良かったのです。

確かに、交流の頻度や間の長さは人間関係の親密さを決める大きな要素ですが、逆に頻度が高いことで疲弊し、心をすり減らしてしまうことも少なくありません。

あえて間を空けることで、良くなる関係もあるのです。

今の十代、二十代の人たちは友達同士が始終連絡を取り合うことが当たり前になっていますが、交流頻度を落とすことを意識してはいかがでしょうか。生活環境が変わり物理的に距離ができた友達とは、どうしても交流頻度が低くなりますが、その時は「いまは淡交の時期なのだな」と考えればよいのです。

人との交流は、本来とても楽しいものです。様々な人と良い交流ができれば、豊かで心地よい日々が送れるはずです。

にもかかわらず、現代人がコミュニケーションにストレスを感じてしまうことが多いのはなぜでしょうか。

それは距離感という「作法」が自分の中で確立されておらず、身に付いていないからです。

作法は、物事をスムーズに行うための決まった手順で、長年培われてきた行動様式です。**他者との付き合い方の中に、自分なりの「作法」を確立すると、悩みの多くは解決します。**

作法は、細かいルールの蓄積です。たとえば私は、左記のことを自分に課しています。

・仕事のやりとりは、基本メールで
・相手や案件ごとに、やりとりの間隔を決める
・やりとりを切り上げるための文言を用意する
・毎日ネット断ちする時間帯を決める
・気持ちがざわついたら呼吸を数える
・笑いへの意識を常に持つ
・相手がジョークを言ったら必ず笑う
・感動体験を素直に言葉にする

ここに挙げたのは大まかな枠組みです。試行錯誤しながら、守れそうなルールを自分な

りにカスタマイズしてゆくのがよいでしょう。

家族の距離感も変化している

一九三〇年代や戦後日本がまだ貧しい時代は、子ども部屋などありませんでした。子ども部屋にドアがつけられたのは、六〇〜七〇年代で、子どもの、家族内の独立宣言でもありました。家族内でも距離を取ることが、家の構造から可能になりました。成長期の子どもにとっては、大切な変化です。家族の空間はリビング中心と、関係性が変わってゆきました。

二〇二〇年代の現在、さらに家庭内独立空間の意識が進んで、家族であっても、そんなに深く交わらない、別居婚を望む人も増えています。私の知り合いでも、三十代後半で婚活はしているものの、他人と一緒に生活するのが苦手だという女性がいます。週末だけ会う、夫婦であってもそれくらいの距離感を望む人が増えているのかもしれません。

家族だからといって、全人格的な交わりが必要な時代ではありません。ライフスタイルや自我はそれぞれのものです。ある部分では濃く、他は薄い、そんな新たな家族観があってよいのです。

家族のような関係は、距離が離れることで案外うまくいくものです。

かつて地方出身者は十八歳までは家にいて、東京に出るという既定路線がありました。子どもの頃は家族は永遠に一緒にいる存在であるかのように思っていましたが、同居生活は意外に短かったなと思います。

しかし、短いから我慢すべきというものでもありません。

家族が密過ぎると感じた時には、まずは経済を分けてみましょう。

経済が支配されていると、人はどうしても息苦しくなり、我慢が増えてしまいます。経済的な自立に向け、少ないなりに自分のお金で暮らすことができると、心理的な負担感が少なくなります。

逆説的ですが、口座を完全に一つにして、それぞれが使いたいだけを使うという方法があります。お互いの使ったお金については干渉しない。当然、ある一定のところで口座のお金は尽きます。お金が尽きると、どちらもおとなしくなるしかありません。その時にお互いを責めないと決めておく。相互に責任があるためです。

また、**家族に限らずやりとりによって自我が侵食されたと感じるときは、癒しが必要です。**

人に干渉されずに一人静かに過ごす時間を確保し、具体的には、一日一時間、自分一人で静かな時間を過ごすようにしましょう。

大事なのは、周囲との交流を制限して自分の世界に浸ることです。

私は、喫茶店に居る間をネット断ちの時間にしています。喫茶店は一人の世界に入る貴重な時間ですので、読書、執筆、アイディアを考える、といった作業に没頭します。「集中して自分の世界に浸る」時間を意識しているのです。

金銭感覚の違いは、人間関係に亀裂を生む

人間関係に決定的な亀裂《きれつ》を生じさせ、距離を離してしまう価値観がいくつかあります。

金銭感覚がその代表例です。子どもの教育のためにと貯めてきた資金を、たとえば夫がギャンブルで失くしたらどうでしょうか。これはどうしても耐えられないでしょう。

そこまで大きくなくとも、近しい距離のはずの人間との価値観のズレがあると一緒に生活することは厳しくなります。

お金や衛生感覚は生活の基盤なので、ものの考え方の中でも、関係を続けていく上でも基本となります。

山本文緒《やまもとふみお》さんの小説『自転しながら公転する』（新潮文庫）の中には、二人の男女、貫一《かんいち》と都《みやこ》がお金の使い方で喧嘩をするシーンがあります。都は、高額なネックレスをプレゼントしてくれた貫一がお金に無頓着《むとんちゃく》な男性に見え、「無駄遣いが、自分の財布から出ているように感じ」てしまいます。都は同じお金を払うなら洗濯機の方がいいと思っているのですが、このズレの根底にあるのは、貫一に結婚の自覚が足りないのではないかという疑念です。

乗り越えにくい意識のズレから、都は気持ちが伝わらなかった徒労感を抱いてしまいます。

都は、二人で一緒に暮らすことを望んでいるのですが、貫一の態度は煮え切りません。「運命の人なのか、そうじゃないのか、ずっと考えてるんだよ。貫一はそういうことは全然思わないの？」という究極の問いをします。

「運命の人」は結婚する相手かどうかということを指すのですが、問われた貫一は話をズラしてしまい、もういい、と都を怒らせてしまいます。ここではぐらかすようでは話しても無駄だと、都は貫一の膝裏《ひざうら》にローキックを入れ、「蘊蓄《うんちく》うざい」と畳みかける。

その後、都にはすがすがしさが湧き出てきます。この人がいなくなっても生きていける、一人でいいと、それまでこだわっていた気持ちが吹っ切れるのです。

意識のズレがあると感じた時に関係性を展開させるには、自分を開示するという手段があります。思うことを言い切ったら展開が変わります。膠着《こうちゃく》状態から自らを解き放つために、自分をオープンにすることも、一つの手です。言いたいことを言い切ったところで、「気の合わない人と不安を解消するためだけに一緒になる必要なんか全然ない」というオルタナティブが出てくるのです。

その際、相手の人格上の批判はしていません。

都は、貫一が中卒なのも経済的には頼れないことも受け入れているのに、なぜ「一緒に暮らしたい」かどうかはっきり答えられないのかを詰め、貫一の判断だけをリクエストしています。責任を追及されると、責められている感じがして抵抗感が生まれますが、この場合は決断をリクエストしているだけで、且つ貫一には断る選択肢も提示されていますし、責任追及でも条件を突き付けているわけでもないので、正当な要求です。

「イエスかノーの二択だよ!」

意思表示がはっきりしないタイプ、次の行動につなげることが苦手な男性に対する女性のイライラがよく伝わってくる小説です。

膠着状態に陥った場合は、よく考えた上で、距離感を変えていく行動を起こすことも効果的です。

干渉してくる親にどう対処するか

男女関係も難しいものですが、家族の距離感は家ごとに大きく異なるため、非常に悩まされる人も多いものです。

往々にして子どもの側は、親の質問を詮索《せんさく》と捉《とら》えがちです。

交友関係に干渉してくると感じる親に対しては、まずは明るく答えてみましょう。

親は単に子の答えを聞いてみたいだけかもしれませんし、子どもが幼い頃に質問をしていた習慣が残っているだけかもしれません。話題を増やしたいだけかもしれません。会話のきっかけを作りたいだけで、詮索ではないこともあります。

質問には別のことを答えてもよいので、ともかく会話をしてあげれば、たいていの親は納得します。

別の話題をふることで、詮索癖のある親と距離を取ることができます。

また、相手が納得する定番の答えを準備しておくのもよいでしょう。

お稽古《けいこ》事など、自分自身の学びの場を外に持ち、常にそのことに置き換えて回答をするなどの工夫によって、干渉をかわしやすくなります。

通いものは、人の気持ちを明るくしてくれます。それをやっている限り、スケジュールにもなります。昭和中期までは「親を継ぐなら、学問など不要」といった風潮もありましたが、現代では、勉強したいという意欲を見せる人に反対する雰囲気は、だいぶ減っています。

図書館通いでも構いません。自分自身を向上させる学びの機会を設定することで、親と物理的な距離を取りましょう。親の側に勧めてみてもよいでしょう。

外界と接していれば、常に新鮮なニュースが投入されます。それに家族だからといって、すべての話題を共有し、盛り上がれるわけではありません。〝推し〟が一緒など、話題の土台があれば、家族の間でも盛り上がりやすいですが、そうでない場合の方が圧倒的に多いでしょう。

会話を拒否して部屋に引きこもる態度は、家族間であっても冷たすぎます。家庭内で盛り上がる会話の柱を、何かしら意識的に持ちましょう。

そのポイントだけきちんと会話をする、と自分で決めておけば、苦痛は軽減されるはずです。

親の言うことは「聴いているふり」が大事です。 親が子どもを心配することを止める術《すべ》はありません。煩わしいと思っても、上手に受け流しましょう。

「ほどほどにしているから大丈夫」「わきまえてるよ」などと、粗雑にならない程度に受け答えしてやりとりすれば、親も親でふっと安心するものです。議論や無視は、関係性を悪化させます。

スマホを駆使して第三者の意見を投入し、意見の相違が自分たちの争いになるのを避ける手もあります。世間にはたいていのことに、プラスマイナス両方の意見がありますから、他者の見解を取り入れることで、一対一の対立は避けましょう。

親との共通の話題がないときは

老いた親と話をする際には、これからの話をする必要は必ずしもありません。

勤め先での話題は常に前向きでなければなりませんが、**家族の会話は後ろ向き、遡《さかのぼ》り、いつも同じことを語り合う関係でよいのです。** 前も同じ話を聞いたよ、などと言わずに、何十回となく同じ話題をしましょう。昔話をふさいでしまうと、親世代は話すことが限られてしまいます。

似たような話の繰り返しでつまらないと言うのは、家族であっても相手に失礼です。もう新たに話すことなどあまりないのですから、似たような話の中で、何かしら新ネタを提供するしかありません。

私の実家は、常にテレビをつけていました。テレビが二台あり、両方つけていると、必ずそこに何かしら話題が生じます。お茶の間のテレビを中心にすることで、テレビ批評ができ、会話が続き、話題にことかきません。これがパソコンやスマホになると閉じた世界を作ってしまうので、話題がそれぞれになってしまいます。

共通の空間を作り、無理のない範囲で噂話や世間話をしましょう。

私の父はお酒が好きで、飲み始めると同じ話が堂々巡りになります。酔っ払い自身もまた、同じ話をすることに困っているのだと私は考え、私の質問によって話題を変えてあげていました。壊れたレコードから抜け出させる、切り替えてあげる。それでこそ、田舎の両親も喜ぶというもの、これも親孝行です。

親とは世代差がありますし、現在に共通の話題を見つけるのは難しいこともあります。その場合はずばり、昔の話をし続けましょう。幸い、昔話というのは少なくはありません。

幼児の頃から小学校、思い出話に花を咲かせると、古い木にもそれなりに花が咲きます。

私自身もっとやっておけばよかったと思うのは、祖父母の話を聞くことです。祖母の兄弟には相撲取りがいたと聞いて驚いたのですが、こういった昔の話を覚えている人はほとんどいません。祖父母は明治生まれでしたから、彼らからそのまた祖父母の話を聞けば、江戸期に近づくことができます。まさにファミリーヒストリーです。遺伝子のつながりがあると盛り上がりやすいですし、昔の話は聞いておく価値のあるものです。

家族の間にこそ、感情を持ち込み過ぎない、おだやかなつきあいが必要なのです。

第五章　笑いや演劇で、距離感をつかむ

笑いは間をぐっと縮める

「笑い合う」ことによって、人との距離はぐっと縮まり、一体感が増します。

私は大学の授業や講演会などでできるだけジョークを多く言うようにしています。

話し手が一方的にジョークを言い続けるのは、客観的に考えると少し不自然なことかもしれません。しかし、どんなにウケなくても、私はずっとジョークを言い続けます。

だいたい二、三個ぐらいジョークを言い続けたところで、聞いている方が根負けして笑い出すのです。そして一度笑い出すと、あとは決壊したかのように笑ってくれるようになります。

もちろん、**笑いを取るには勇気や精神的なタフさが必要になります**。なかなか笑いが取れないことも多いわけですが、そういう時には「今皆さんの顔は笑っていませんけれども、心の中では大爆笑ですね」とか「皆さん、ここ笑うところですからね。ジョークを言ったら笑うっていうのはマナーですからね」などと、とにかく打開策を探ります。

軽口をたたいても許される相手の場合には、「私のジョークで笑えないのは、ジョークを理解する知的レベルがちょっと足りないのと、社会的マナーが足りないのと、両方かもしれませんけどね」と言ったりします。

もちろん、これも全てジョークです。相手と気心が知れていることに甘えて、少しどぎつく言うパターンです。

自然な笑いがある関係

心の底から笑える集団の中では、よい距離感の人間関係が構築されます。

一方で、自然な笑いのない集団は、大変危険です。集団がセクト化してしまう可能性があるからです。何かを受け入れないことによって結束している集団の中では、教条的な考え方が判で押したように蔓延《はびこ》ります。

そういう場では、当意即妙な笑いが起きにくく、笑いが硬直するのです。

独裁者的な人物が支配している場でも、自然な笑いは起きにくい。

深刻な顔で場を共にする集団は、真面目な人同士が、固定化した考えで凝り固まりがちです。

自分の中の壁を崩して、考えが違う人にも譲る柔軟性がある、そういうことが人間の幅を決めるのです。

外の世界の誰とでも笑い合い、柔軟に考えを少しずつズラせる、そういう人は距離感が上手な人です。

笑いが重視されているのは、人間関係の柔軟性を人が評価するようになっているためです。

活躍している芸人は得てして平場（用意してある芸ではなく、ライブなやりとりのこと）に強く、話の流れの中で笑いを生み出し、場をつないでいくことが可能です。相手を受け入れ、場を崩しながら反応し、想定外にも対応する力は、プライドを捨てるところから始まります。

処世術としての笑い

立場が上の人と関係を保つ「よいしょ」をするために、特定の相手の発言を積極的に笑う「ポジション笑い」で、関係性を強固にしようとするタイプがいます。

これは下の者が上の者を立てるため、立場によって生まれた笑いですから、上の者の立場がなくなった途端、周囲の笑いも消滅します。人格も能力も変わっていないのに笑いがなくなると、「今までの笑いはなんだったんだろう」「個と個との、人間としての笑いではなかったのか」という気持ちにさせられます。

上にいる人は気づきにくいのですが、下の立場の人は常々、本能的に社会性を発揮してしまっているのです。そんなに面白くないジョークでも笑うことで場の空気がよくなりますし、盛り上がること自体はマナーの一つでもあり、良いことです。

これが職業になっているのが、幇間《ほうかん》、太鼓持ちです。

谷崎潤一郎《たにざきじゅんいちろう》の小説「幇間」(『刺青・秘密』新潮文庫)は、若旦那《だんな》だった男が遊び過ぎて財産を失い、自分が太鼓持ちになる話です。太鼓持ちこそがこの人のやりたいことだった、という変わった心の傾向を持つ主人公なんです。ふつうは太鼓持ちではなく旦那になりたいと思うはずなんですが、この男は人を持ち上げ、職業として座を盛り上げることに意味を見出《みいだ》すのです。

本来は立場性に関係なく相手が誰であっても笑い合い、人間関係を築いていく方が自然です。自分の立場も歳を重ねると変わっていきますから、相手に関係なく自然な形で笑い合うことが理想です。

学校では生徒を育てるために、生徒のどんな軽い冗談でも笑ってあげるのが教師の務めです。

いかに前向きな気持ちにさせるかが大事な場ですから、まず笑って盛り上げることで、人間的な成長を促すのです。

立場にかかわらず、どんな人に対しても盛り上げる技を身に付けていくと、人間的にも成長し、やさしい気持ちに目覚め、盛り上げ上手になります。

ポジション笑いではなく、どんな人も盛り上げる人になりたいものです。

笑いを生むことに自信がなければ、自分が笑ってみる

空気を読むことが得意でない人の中にも、おもしろいことを言えるタイプと、言えないタイプとがいます。誰もが笑いの神様に愛されているわけではありません。

笑いは自信がないと、生まれにくいものです。**お互い笑いのセーフティネットがあれば話しやすくなりますので、まずは面白そうな空気になった時に、一緒に笑うことが第一歩です。笑うことを癖にするのです。**

それほど面白くないと思っていても、周りが笑ってくれると発言者は自信がつきます。

そのためのエクササイズとして、四人一組になって、近況エピソードを一分ずつしてもらいます。この場合、**面白い話をするのが絶対条件ではなく、うまく笑うことのほうを条**

件とするのです。

このエクササイズを行うと、面白い話をする才能がなくても大丈夫だと安心して話をすることができるようになります。

明石家《あかしや》さんまさんは、びっくりするくらい大きな動作で笑います。ＮＨＫの番組『チコちゃんに叱られる！』によると、手を叩《たた》いて面白がるという動作はさんまさんが始めたそうですが、さんまさんは反応が速く、どの人の話にも反応するので、ゲストにとっては話しやすい相手なのです。

リアクションに重きをおけば、自分自身が笑いを生み出せなくとも、問題なく過ごせるはずです。

アメリカンジョークには意味がある

アメリカンジョークは面白くないものもありますが、とりあえずジョークを交え、笑い合って打ち解けた空気感を出す、お互いの社交努力の表れです。

挨拶《あいさつ》と同様、相手がジョークを言ったら、たとえそれが面白くなくてもそれに対して笑うのが礼儀です。

笑いは人間関係を良くして生活・文化の質を高めるための重要な文化、その象徴がアメリカンジョークです。

早坂隆さんの『100万人が笑った！「世界のジョーク集」傑作選』（中公新書ラクレ）やモクタリ・ダヴィッドさんの『イラン・ジョーク集―笑いは世界をつなぐ』（青土社）はおすすめです。私たち日本人も、海外のこうしたジョーク文化をきちんと見習うべきです。

日本にも軽口文化はあります。

江戸時代の軽口は、十返舎一九『東海道中膝栗毛』や江戸川柳にたくさん出てきます。ジョークは、多くは引用元をひねってパロディにしたもので高度な知的作業です。教養という土台がある方がひねり出しやすく、ジョークは知性ある人間の使命であるとさえ言えます。

笑いに対する貪欲《どんよく》な姿勢は愛他精神、つまり他者を愛する精神から来るものですし、人間関係の間を取り持とうとする責任感から来るものです。

場の雰囲気がぎこちなくなった時に、ドッと笑えるジョークをパッと言って場を和ませるのは、人間関係の中で上の人や知的な人が担うべき役割です。

笑いの満ちている空間というのは幸福な空間であり、祝祭的な空間です。

ただし、笑いを取るために人をダシにすることは、結果的に相手を傷つけることになりかねませんので、絶対に避けましょう。

笑いに無理は禁物。だけど努力はしよう

ジョークは知的作業であり、知的な人間の義務だと書きましたが、やはり、性格的な向き不向きがあることは否めません。

どうしてもジョークを言うのが苦手という場合には、無理する必要はありません。

ただ笑いの重要性はよく理解する必要があります。大勢の前でジョークを言うことはできなくても、まずは打ち解けた人間関係の中でジョークに挑戦し、人間関係の範囲を少しずつ広げていくといいのではないでしょうか。

いずれにしても、ふだんから面白い話を探す、つまりネタ探しの努力をすることは大事です。そういう話がさらりと出てくるようになると、ふつうにしゃべっているだけでもおかしみがにじみでてくるようになるものです。

笑いは、面白おかしく話をするだけで生まれるものではありません。

至極真面目に話していても、その姿に愛嬌《あいきょう》やおかしみが生じ、相手を和ませ、真面目ゆ

えに笑いを取れることもあります。

笑いへの意識をつねに高め、自分なりの笑いを徐々に身に付けるとよいでしょう。

自分が下に見られているとか、笑いに失敗して場を固まらせてしまったなど、ネガティブに捉《とら》える必要はありません。

笑いを取る行為には、エネルギーも勇気もいります。

笑いを取ろうとして、相手が笑ってくれる確率は低いので、それでも笑いを取ろうとジョークを言う行為は、勇者の行為です。

リスクを冒してでも相手との距離を縮めようとしているのですから、ジョークを言われた側は、つまらなくても笑いで返してあげるのが礼儀です。

笑いはあくまでも、両者の間で距離を縮める努力ですが、こちらもジョークで返せれば完璧《かんぺき》です。

お笑いで得る「メタ認知」

大阪は、お笑いの水準の高さで知られています。

『秘密のケンミンSHOW』（日本テレビ系列）というご当地紹介番組で、圧倒的に登場回数が多い都道府県が大阪です。

大阪の人は生まれてから大人になるまでの間に、自分がボケなのかツッコミなのかを決めるそうです。

「自分は最近までツッコミだと思っていたんだけれども、実はボケのほうが合っているということに気がついた」という出演者がいましたが、年齢がなんと七十歳。生まれてから七十年、自分はボケなのかツッコミなのかを意識しながら生き続けている、というのが大阪人なのです。

NHK Eテレの『天才テレビくんhello,』という子ども向け番組で、漫才コンビのかまいたちと私が、小学生にツッコミを教えるという企画がありました。

子どもたちには、見たままをつっこむという基本的なツッコミから、何か自分なりのツッコミどころを見つけてつっこむ、というやや高度なツッコミ、自分でボケておいて自分でつっこむノリツッコミ、つっこみそうでつっこまない、「ノリつっこまない」まで、様々なお笑いの技術、基本姿勢を踏まえて練習、成果を披露してもらいました。

大事なポイントとして強調したのは、相手や周囲の人を嫌な気持ちにさせないよう配慮することです。周囲を笑わせても、誰かを傷つけてしまう笑いはいけません。

この経験によって、**笑いの技術を学ぶことで、誰も傷つけずに人を笑わせ、嫌なことを言われても上手にツッコミを返し場を明るくできるようになることがわかりました。**

大学の授業の中でも「芸人になる」回を設け、世界史などの各教科に基づいて、学生にネタ作りをしてお笑い芸人になり切ってもらい、皆の前で全力で笑いを取りに行くという授業を行っています。

笑いを取りに行くことは勇気がいるため、全員メンタルが強くなり、学生たちも「就職活動もあれよりはぜんぜん辛《つら》くない」「度胸が付きました」と言ってくれます。ショートコント『論語』やショートコント『源氏物語』という課題は大変充実しました。**笑いのネタを探すという視点で物事を見ることは、「嫌な状況を客観視して乗り越える」効果をもたらします。**

大学の授業で、お笑いのネタを披露した学生は、アルバイト先でクレーマーにもやもやしていたそうですが、コント化することで、気分が晴れるという効果がありました。嫌なことに巻き込まれている状態を、演劇でも見るように客観視することで、ストレスは軽減しむしろ面白さを感じ、第三者的視点を持つことで、冷静に対応できるようにもなります。

自分の置かれている状況を客観視するもうひとりの自分の視点を持つことを、メタ認知といいます。

こうした笑いには毒の要素も、少し必要です。

毒が必要というと「誰も傷つけない笑い」と矛盾するように感じられるかもしれません。しかし**毒は上手に使うと、マイナスの要素をプラスに変える効果をもたらすものです。**

毒の盛り方がピリピリと効いていて心地よいのは、『ちびまる子ちゃん』（集英社）で知られる漫画家のさくらももこさんの作品です。

『ちびまる子ちゃん』の永沢君《ながさわ》がその象徴ですが、癖がある皮肉屋で、独特の世界観を持ったキャラクターとして人気で、スピンオフ作品も出ているほどです。

風変わりでブラック、癖が強く、しかし全体としては温かい、なんともいえない魅力があり、さくらさんは『サザエさん』に匹敵する、日本の漫画文化の一翼を担いました。

さくらさんのユーモアに触れると、人間の品というものには、上品さやお行儀のよさよりもっと高い次元があるのだと思わされます。

相手との間を、身体感覚から探る

劇団や演出家の人が主催する一般向けのワークショップ（体験型の講座）も、他者との間の取り方や身体感覚について考えるのに、とても有意義です。

演出家の竹内敏晴《たけうちとしはる》さんによる「竹内レッスン」は、間の取り方やコミュニケーションの仕方について、気づきが得られる体験でした。

竹内さんは幼い時に難聴を患い、それが原因で言葉がなかなか習得できず、他者とのコミュニケーションに苦しみ、さまざまに模索する中で、言葉は体と切り離せず、体を含めてコミュニケーションを考えるべきだと気づきます。そして徐々に、他者とコミュニケーションする言葉と体を獲得していきます。

そうした自身の経験から独特なレッスンを考案した経緯が、著書『ことばが劈《ひら》かれるとき』（ちくま文庫）に書かれています。

「劈く」という言葉は通常、「さく」とか「つんざく」と読みますが、竹内さんは「開く」でも「拓《ひら》く」でもなく、「劈く」と書いて「ひらく」と読ませています。

言葉が体の内側から湧き起こり、自分の殻をつんざくようにして相手に届くようになり、自分の心や体が他者に開かれるようになってきた竹内さんの体験から、そのような言葉の使い方をしているのです。

著書の中に「からだとの出会い」という章があり、竹内レッスンに大きな影響を与えた野口三千三《のぐちみちぞう》さん（野口整体の野口晴哉《はるちか》さんとは、また別の野口さんです）の「野口体操」についての記述があり、竹内レッスンの基本をなす考え方について述べられています。

野口体操では、自分を流動体として感じ、体の外も内もともに動きながら、動きが変わると意識も変わる、と考えます。『原初生命体としての人間―野口体操の理論』（岩波現代文庫）に、野口体操の本質が書かれています。体も心も丸ごと一つという考え方です。頭が体をコントロールするという考え方とは異なるものです。この「流動体としての私」が、竹内さんの体についての考え方の基本です。

竹内さんは、無意識を重要視します。無意識は、意識と体を結びつけるもの。心と体を分けて考えるのではなく、無意識が動き始めるのを待つというのです。

他者とのコミュニケーションも、単に頭だけで働きかけようとしてもダメで、体の内側、つまり無意識のレベルから、その人に働きかけたいという欲求が生じ、声を発した時に、よいコミュニケーションが取れるのです。

意識でコントロールせず、まず体の内なる変化を感じる。そして、空っぽな体として相手に向かえ、といいます。

相手に届く言葉を模索する「話しかけのレッスン」

竹内さんはこうした経験を通じ、「話しかけのレッスン」を開発します。文字通り、他の人に話しかけるレッスンです。

たとえば、AさんとBさんが二人で組になり、まず向かい合って、相手の目を見て「お茶のみに行かない？」と言います。Bさんは、自分が話しかけられていると感じます。

そこで今度は、AさんとBさんの距離を二メートルくらい離し、Bさんを後ろ向きにして、AさんがBさんに声をかけます。

どんな風に感じたかをBさんにフィードバックしてもらうと、「自分でなく、Aのそばにいるだれかに話しかけてるようだ」「頭を越して遠くの人に」「こえが届いてこない」という反応が多くなります。

そこでAさんは声を強めたり弱めたり、身を乗り出したりして、なんとか相手に声を届かせようとしますが、努力すればするほどダメになります。

その原因を竹内さんは、「からだが他人（他者）に向かって劈いていないのだ」と言います。

「ことばが他者との間に成り立つときには、まず働きかけ（行動）として機能する。働きかけること、感情を忘れること、対象にふれようとすること」が大事だといいます。

具体的には、「こえで肩を叩くつもりで話」し、一度Bさんにこちらを振り向かせ、顔を見せてからもう一度反対側を向いてもらい、「こえが耳の横を廻りこんであの顔に話せ」とアドバイスをします。

あるいは「足のうらをやわらかくして、大地に重みをかけて乗れ、ふれろ」「自分の重さを感じると、からだをとりもどす。相手のからだが違って見えてくる」などとアドバイスします。

試行錯誤して声が相手に届くようになると、二人の距離を徐々に遠くし、難度を上げていきます。

自分の態度を客観視する演劇のレッスン

このレッスンを通して人は、言葉が単に意味を伝えるだけの記号ではないことに気づかされます。また、声が相手に届くとはどういうことなのかを、深く考えるきっかけになります。

私が体験したレッスンに、「砂浜の出会いのレッスン」があります。

二人で砂浜にいる設定で、AさんにBさんが話しかけます。その時、BさんはAさんに気を遣うことなく、自由に反応します。

シンプルなレッスンですが、見ず知らずの二人なので、どのように声をかけていいかわかりません。馴《な》れ馴《な》れしすぎても、よそよそしくてもおかしい。いきなり「隣に座ってもいいですか」とも言いづらい。

「自分はふだん、こんな風に相手に関わっているのか」「自分の声はなにかよそよそしいな」など、自分の本質が丸裸にされる感じがありました。

また、**誰かに声をかけるのは勇気がいる、相手の心に自分の声を届かせるのは難しい、というような、様々な気づきが得られます。**

宮沢賢治《みやざわけんじ》の『やまなし』のセリフのワークショップも印象的でした。

「クラムボンはわらったよ」

「クラムボンはかぷかぷわらったよ」

たったこれだけのセリフを言い合うだけなのですが、硬くなるとなかなか自然にセリフを言うことができません。日常とは異なる設定やセリフによって、自分のコミュニケーションのありかたがあぶり出される感じがし、さまざまな気づきが得られました。

演劇はフィクション空間ですが、自分の在り方が露《あら》わになってしまうことがあります。恥ずかしいという気持ちを取り払って参加してみると、体を解放し、開くきっかけになる可能性もあります。

他者に関わるのが苦手な人も、演劇のレッスンを通じて「人と話すのに緊張する必要はなかったんだな」「自分は他の人に対して距離を取りすぎたんだな」など、自分のコミュニケーションについて、さまざまな気づきが生じます。

第六章　身体を作り、距離感を養う

間のスポーツと武道に学ぶ

ボクシングは間の技術の極限ともいうべきスポーツで、間の取り方が重要な格闘技です。

無敗のまま世界チャンピオンとして引退したメイウェザー選手は、ほとんど打たれない距離を保ちながら、効果的に相手を打つことに長《た》けていて、芸術的といえるほどの「間の達人」でした。

日本ボクシング史上最高傑作と言われる、井上尚弥《いのうえなおや》さんは、間合いの取り方の巧みさによって芸術的なボクシングをします。井上さんの場合は第一ラウンドで、相手がどのくらいこちらに入り込んでくるのか、どのくらいのパンチ力なのかを見て、相手との間合いの取り方を見定めます。

第一ラウンド以降は自分の間合いで試合を運び、最後はハードパンチで相手を仕留めます。

ハードパンチはもちろん、間の取り方、とくに第一ラウンドでの間の探り方などにぜひ注目して見ていただきたいと思います。

宮本武蔵《みやもとむさし》は、安土桃山《あづちももやま》時代から江戸初期にかけて活躍した、剣術の達人です。

『五輪書』は剣術の指南書で、「負ければ死」という過酷な戦いを数多く経験した中で磨き上げた戦術や精神的技術について、武蔵自身が晩年に書いたものです。

現代のボクシング世界チャンピオンの、最先端の戦術に通じる考え方を、この書は四百年も前に先取りしています。

「自分の極めた兵法の道は、男女・身分・仕事・芸など、どんな道にも通用するものである」とあり、物事の見方、生き方、相手との間合いの取り方など、示唆に富んだ本です。

たとえば武蔵は、「見《けん》の目」だけでなく「観《かん》の目」を働かせる練習をしなさい、と言います。

見の目は、目に見えているもの、特に相手を見る目であり、観の目は、相手を含めた全体的な状況を見て感じ取る感覚のことです。

そうした観の目を持つことで、理屈を超えた第六感とか直観、違和感のセンサーが働き、危険性を察知できるようになるというのです。

「気の動きに敏感になる」「自分のペースに巻き込む」「動揺しない心を鍛える」など、いつの時代にも通じる奥義が述べられています。

「三つの先」で良い間を取る

武道の中にも、他人との距離感を構築するためのヒントがあります。

「懸《けん》の先《せん》」「待《たい》の先」「躰々《たいたい》の先」の「三つの先」です。

「懸の先」は、先手を取って自分のペースに持ち込むこと。

「待の先」は、相手に先手を取らせておいて、相手の出方を見越して仕掛けること。

一見後手に回っているようで、実質的には先手を取ることになる、「後《ご》の先」とも言われます。

「躰々の先」は相手の動きを見極めて、相手が動き始めた瞬間に動きを捉《とら》えること。

この中では特に、「待の先」が、人間関係の技として役立つのではないかと思います。

「待の先」は、相手の出方をいくつか予測しておいて、それぞれの対処法を考え、実際に相手がどのように出てくるのかを見極めてから対処します。

さらに高度な対処法としては、相手が攻めてくる隙をわざと作り、そこを攻めさせておいて、それに対応するものもあります。

サッカーなどでわざとスペースを空け、そこに攻め込んでくるように誘い込んでボールを奪う、いわば撒《ま》き餌《え》で誘導するような形です。

つまり、相手の出方をいくつも予測しておくのです。

苦手な人とはなるべく距離を空けるのも良い方法ですが、**どうしても付き合わなければならない場合は何パターンも相手の反応を想定しておき、「来ましたね」と余裕をもって対応するよう心がけます。**そうすれば、ストレスは最小限ですみます。

強い自我、オープンな人間関係は、身体感覚から

江戸時代までの子どもの教育は、剣術と素読を中心としたシンプルなものでしたが、声に出して暗唱し、体を使うなど、身体性という点では優れた面がありました。

勝海舟の父親・勝小吉《こきち》の自叙伝『夢酔独言《むすいどくげん》』には、剣術と素読が男の子の教育の中心だと書かれています。論語を暗唱しながら、寺子屋から家に向かうのですが、こんな小学生は今では考えられません。寺子屋のテキストであった『実語教』や『童子教』を見ると、漢文です。国語教育に限って言えば、当時のほうが今よりも水準は高かったと言わざるを得ません。

質の高い文章を音読し、暗唱して体にしみこませ、剣術によって腰と肚《はら》感覚を養う。**身体感覚を重視した教育が、強くてしなやかな自我を作り、人間関係の良い距離感、間を身**

に付けることにつながったのです。

明治時代に入ると、初代文部大臣となった森有礼《もりありのり》を中心にして学校制度が整備され、わずか二、三年の間に、日本全国に一万校から二万校もの学校ができ、近代的なカリキュラムにあっという間に移行しました。日本人の恐ろしいまでの学校に対する適応力が発揮され、国民全体の学力が底上げされたことで、その後日本の国力が上がり、経済や生活状況は改善されていきます。

それ自体は良いことでしたが、そこで生じた弊害の最たるものは、身体性あるいは身体感覚が失われていったことです。**他者との心地よい関係も、強くてしなやかな自我も、身体感覚の支えがあってこそ成り立つもの**です。

身体感覚を取り戻すために、簡単にできることを探っていきましょう。

日本人のエネルギーは下がり続けている

エネルギーレベルは、生命体にとって大変に重要なファクターですが、人間のエネルギーレベルは歴史的に下がり続けています。

江戸時代には、築地《つきじ》から新宿《しんじゅく》まで天秤《てんびん》棒をかついでシジミを売り歩くという、今では考えられない運動量を、市井の人々がこなしていました。江戸から大阪、四国《しこく》までも徒歩で行ったわけですから、運動量、運動能力が今の時代に比べ相当高いレベルだったことがうかがえます。

莫大《ばくだい》なエネルギーをふつうに発散していた時代から、乗り物が普及し歩かなくてもいい**時代、パソコンやスマホばかりいじり少ないエネルギーで生きていける時代になり、うつむき加減の姿勢で生活をしていると、首が前のめりになり、呼吸も浅く、エネルギーも衰え、健康も害しやすくなります。**

医師の松井《まつい》孝嘉《たかよし》先生は、スマホ首の対策として『自立神経が整う　上を向くだけ健康法』（朝日新聞出版）を提唱しています。松井先生によると、健康になるには首を上に上げるだけでいい、意識的に上を向く時間や回数を増やすだけで、気持ちも晴れ、健康になると提唱しているのです。とてもシンプルですが、人間の本質をついていると思います。

新型コロナウイルス下の自粛生活によって、私たちのエネルギーは縮小再生産状態になり、低下傾向が加速しました。

万人が抱える精神の問題には、身体の問題が大きく影響しています。

たとえば、温泉につかってふっと息を吐いたときは、だいたい機嫌が良くなるもので、緊張感や不機嫌を保つことのほうが難しいでしょう。

適度に運動をし、身体感覚を持ち、お風呂《ふろ》でリラックスし、上機嫌を保てるような状態を心掛け、いつでも心地よく他者と交流できる身体状態を目指せば、エネルギーレベルは一定程度保つことができます。

生きるエネルギー、気のエネルギーは、私たちの内側から湧き出てくるものですが、他の人と交流したり、外に出て外の世界に触れたりすることで、さらに循環、発散が可能となります。相手の人や外界から気のエネルギーを受け取り、それが刺激になって、また内側からエネルギーが湧き出てくるのです。

私は仕事柄、人前で話をする機会がありますが、同じ内容でも何百人も前に講演する時の気の出方は、特別です。ステージに立てば、家にいるときよりもはるかに大きなエネルギーを放出します。

ライブ会場でエネルギーを発散しているミュージシャンやその観客の姿を思い浮かべると、理解できると思います。まさに気炎が上がり、何百何千、あるいは武道館やドーム球場のライブのように一万人単位の熱気が感じられ、場に、自然と気のエネルギーが充満するのです。

外に出るだけで気のエネルギーは高まる

エネルギーは外界の空気に触れるだけでも、発散されます。

現象学者のヘルマン・シュミッツは、著書『身体と感情の現象学』（小川侃《おがわただし》訳、産業図書）の中で、「身体の状態感と場の雰囲気とは切り離せない関係にある」と述べています。

哲学者の大森荘蔵《おおもりしょうぞう》さんは、「天地有情」、すなわち「天地にも感情がある」と言っています。

天地の中にいる自分が天地から影響を受け、心は天地と一体化するというのです。

鬱蒼《うつそう》とした森の中で、身体の状態感も気分も森に溶け込んでいくと感じることがあります。晴れ晴れとした空の下に広がる空間と、鬱蒼とした森という空間とでは、自分の身体性が大きく違ってきます。

私たちの心というのは、外界と分離しているのではなく、その中の一部、あるいは前景なのです。

外に出て外の空気を吸うと、それだけで体は開かれた状態になりますし、逆に家の中に閉じこもった状態が続くと、身体も心も閉じた状態になります。

身体にはレジリエンスが備わっていて、何かの影響で変化が起きても体の状態を復元して恒常性を保ちます。適応力と言ってもいいかもしれません。

私は若いころ、誰とも話をしない生活をしていた時期があります。銭湯の番台のおばちゃんと、「あ、どうも」と言うぐらいで外にも出ませんでした。人と話さないだけで、心は重くなっていきます。深海魚のような沈潜生活をやりすぎると、外界の変化に対応するレジリエンス（復元力）が衰え、気の交流も起こりにくくなり、エネルギーはますます低下していきます。

気を循環させるためには、適度な通路が必要なのです。

呼吸は心のバロメーター

心地よい距離が取れているかを判断するには、息が重要な手がかりになります。

一緒にいると呼吸が楽な相手もいれば、そこにいるだけで息が詰まる相手もいます。

過呼吸やパニック障害は、対象への拒否反応を身体が表現しているのです。

一方、一緒にいてくつろぎ呼吸が楽だと感じる人は、相性が良い人です。

さらに楽しい気分になると「息が弾む」状態になります。

緊張が良い結果につながることもありますが、基本生活では、息が楽、あるいは息が弾むのが望ましい状態です。息、つまり呼吸は、生きる上でも人間関係でも非常に大事なものですが、現代人の多くは、呼吸がとても浅くなっています。

呼吸法の中でも手軽にできておすすめなのが、「数息観《すそくかん》」です。

禅では「自己を観ずる」ことが重要ですが、数息観はその方法の一つです。息を数えて観ずる、「観」は観察の観です。心の中で息の数を数え自分の息を観じながら呼吸することで、禅の修行にもなります。

「ひとー」「ふたー」「みー」で吐いて、「つ」の後で息を吸います。

吐く息の方を少し長めにするように意識してください。

幼児が泣き出して止まらなくなった場合も「ひとーつ」「ふたーつ」と背をたたきながら、息を吐き出させ、十まで一緒に数えると、気持ちが収まることがあります。

大人も気持ちが乱れているときには、息を数える習慣を身に付けるとよいでしょう。

嫌な気持ちや怒りにはまり込んでいることに気づいたら、自分の身を引き離すつもりで息を数えてみてください。

時間がない時には、「一呼吸置く」。まさに一息吸って、ふうーっと吐く呼吸を意識してみましょう。

人前でプレゼンをする際に、緊張で頭が真っ白になったら、まずは呼吸を数え、そして自分を斜め上から見る意識で客観視できると「もう少しゆったりやろう」という気持ちが湧いてきます。

パニックとは、状況に自分が埋没してしまうこと、状況の中で自分を見失うことです。自分を少しその状況から引き離して我に返る、客観視することでパニックは収まります。

世阿弥《ぜあみ》の言う「離見の見」、つまり役者が観客のほうから見た自分を意識することにも通じているのです。

呼吸法で高度の集中状態に入る

数息観をするときには、できれば息を吐いて止まった瞬間を意識するようにしてください。一瞬息が止まった状態です。この一瞬を見つめると、軽く死を見つめたような感じになります。

死というと大げさに感じられるかもしれませんが、一つ一つの息を生命のように考えて、息を吐き切ったら一つの息が死に、また新しい一つの息が生まれる、という感覚を持つのです。

「一瞬の死を見つめる」という感覚は、瞑想《めいそう》のエッセンスの一つです。ふうーっと吐いて、止まったほんの一瞬、時間も空間も止まったような静けさが感じられます。

私は長年、呼吸を研究してきましたが、この一瞬を「息を出したところで止まる」ということで「出止《しゅっし》」（私の造語です）と呼んでいます。

息を吐き切った瞬間である出止を見つめることを繰り返すと、やがて外界の音が一瞬消えることがあります。

深い集中状態、いわゆるゾーンと呼ばれる状態です。

ハンガリー出身の心理学者ミハイ・チクセントミハイが言う「フロー体験」、あるいは、アメリカの心理学者アブラハム・マズローの言う「ピーク体験」とも言うべきもので、周りの音が消え、超集中状態に入ったときの心地よさがあります。

齋藤式「三・二・十五」呼吸法

より深い集中状態に入るためには丹田呼吸法を行ってみましょう。丹田呼吸法というのは、臍下《せいか》丹田を意識しながら長く息を吐くようにして行う呼吸法です。

臍下丹田というのはおへその下あたりの部分です。

道教では、人間の体の中でエネルギーが集まり育《はぐく》まれる場所を、眉間《みけん》と、胸の下あたり、おへその下にあるとして、これを上丹田、中丹田、下丹田と言います。

丹田のうち、日本ではおへその下の下丹田、臍下丹田と呼ばれる場所が昔から重要視され、「丹田」といえば、この臍下丹田を指しました。

日本人が昔から培ってきた身体感覚の中でこの臍下丹田が基本になります。

臍下丹田を意識してゆっくりふうーっと息を吐くと、そこに温かみが出て、充実感が湧いてきます。座った姿勢で丹田呼吸をすると、どっしり肚が据わっているような感じになります。

ゆっくり息を吐く具体的な方法として、私は鼻から三秒息を吸い、二秒お腹の中にため、十五秒かけて細く吐き出していくことをお勧めしています。

「三・二・十五」の呼吸をワンセットとして、六回、合計二分間、集中してやってみてください。慣れてきたら、回数を増やしてみてください。

「三・二・十五」の呼吸法は、著書の中で何度も紹介してきましたが、人類が数千年かけて培ってきた呼吸に関する知のエッセンスを、私なりに抽出・考案した、オリジナルの呼吸法です。

息を吐く十五秒は、慣れないうちはかなり大変ですので、十秒くらいからはじめ、慣れてきたら長くしてみましょう。そうすることで、深い息の感覚が身に付きます。

白隠禅師の健康法「内観の法」と「軟酥の法」

江戸時代の禅僧で臨済《りんざい》宗の中興の祖と呼ばれる白隠《はくいん》は、呼吸法や瞑想法の発展にも貢献しました。

『白隠禅師法語全集』（禅文化研究所）も私のお気に入りで、中でも白隠が自分の人生を語る『夜船閑話』『遠羅天釜《おらてがま》』などを愛読しています。

白隠禅師の文章は、法語といって説いて聞かせるように書かれており、読みやすいのが特徴で、江戸中期の人と時空を超え通じあう感覚を持つことができます。

その白隠が誰もができる健康法として考案したのが、「内観の法」と「軟酥《なんそ》の法」です。

内観の法は仰向《あおむ》けに横たわり、目を閉じ、臍下丹田に意識を集中してゆっくり丹田呼吸法を行うというものです。本来は決まった文言を心の中で唱えながら行うものですが、現代人には理解しづらく長い文言なので、簡単に行う健康法という観点から、**ただ臍下丹田と呼吸に意識を向け、リラックスする**ことをお勧めします。

寝る前に行って、そのまま眠りにつくと非常に健康に良いものです。

軟酥の法は、坐禅《ざぜん》をして目を瞑《つむ》り、頭の上に軟酥、何にでも効くという妙薬を頭に載せていることをイメージします。

軟酥は、牛乳を詰めて作ったバターのようなもので、これが頭の上から溶けて足の先までしみ込んでいくイメージをすると、心身共に健康になると言います。

足の裏で呼吸する感覚

江戸時代の人の身体感覚については、『身体感覚を取り戻す』という書籍で詳しく解説しましたが、たとえばシジミ売りや金魚売りが天秤棒を担ぎながら安定した状態で長距離の移動をできたのは、腰肚《こしはら》の感覚がしっかりしていたからです。

金魚売りの場合は、金魚が飛び出さないように、天秤棒をほとんど上下させずに江戸の町を走り回ったのです。

江戸時代の人は、膝《ひざ》のクッションが働いていたので、道がでこぼこしていても上下にほとんど揺れない身体状態を保つことができましたし、坂道も安定して上り下りできました。大変なバランス感覚です。

天秤棒を担いで歩いても上下に揺れないというのは、滑るように動く感覚、イメージとしてはエアホッケーの円盤のような感じです。エアホッケーの円盤は盤上から噴き出す空気の圧力で少し浮いていて、それをプレイヤーがカンカン、カンカンと打ち合うわけです。

このエアホッケーの円盤のように、滑る感じですり足で動いていくのが、江戸時代の人の歩き方でした。

能や相撲もすり足が基本です。バタバタした感じではなくどっしりと安定した感じになります。

このすり足の歩き方で重要なのは、足の裏の土踏まずの感覚を意識することです。

土踏まずを「足心」として意識して、それがおへその下の丹田とつながっているイメージを持ちます。そして気を臍下丹田に溜《た》めて、腰、脚を通じて下げていき、かかと、やがて足心に至り、この足心で呼吸をして、気を循環させるイメージを持ちます。

荘子《そうし》は「真人の呼吸は踵《かかと》を以《もっ》てし、衆人の呼吸は喉《のど》を以てす」と言いました。

真人つまり道を究めた人は、呼吸を口・鼻・肺にとどめず、足の裏まで広げようというのです。

「静坐法」を日本に広めた岡田《おかだ》虎二郎《とらじろう》は、理想的な呼吸法は赤ちゃんの呼吸、妨げられることなくゆったりと全身で行う呼吸だとします。

足の裏での呼吸も、この赤ちゃんの呼吸に通じます。赤ちゃんのように全身を使いつつ、足の裏で気を出入りさせ、その足の裏が臍下丹田とつながるイメージを持ち、呼吸をするのです。

着物を着ると、帯を締めて下っ腹の丹田にぐっと力が入った状態になります。

武道をやっている人は帯を締め、腰と肚に充実感を覚える感覚を持っています。

腰肚がどっしり安定すると、膝に少し緩みを持たせることで水平移動してもぶれなくなります。

腰肚が据わり、赤ちゃんの呼吸を繰り返すことで、**古き良き身体感覚が身に付き、どっしりと落ち着いて相手と向かい合うことができるようになります。**

私はこの充実した丹田感覚を腰肚文化と呼んでいますが、着物が廃れ、洋服が主流になったことにより、この文化は衰えてしまいました。

気は生命のエネルギー

「気が循環する」という感覚も、身体感覚において大事にしたいものです。

気は、科学的にその存在が捉えられるものではありません。

元気、熱気、気配、雰囲気、気が沈む、気が合う、気合、天気などさまざまな様子を表す言葉に「気」という言葉が使われており、私たちが感覚的に「気」の存在を感じていることがわかります。

野口整体の創始者である野口晴哉さんは、気の専門家です。著書『整体入門』（ちくま文庫）で気について、このように言っています。

「『気』は見えません。触《さわ》れません。ただ感じるだけです。五官で感じるわけではありません」「気は精子以前の存在、物質以前の動きなのです。だから見えない、触れない、ただ感じる。それも五官ではない。気で感じるだけなのです。気の動きは勢いなのです。勢いは人のいのちです」

動物や植物をいくら解剖しても、種や精子を分解しても、その中に生命は見つからない。逆に、物質をいくら寄せ集めても、生命にはならない。生命とは物質以前の存在であり、気もそれと同じだ。そして、気の動きが勢いとなり、それが生命なのだというのです。

気は、生命エネルギーと言うこともできます。

江戸時代の中頃、儒学者の貝原益軒《かいばらえきけん》が説いた『養生訓』（中公文庫）は、健康に生きていくための知恵を説いた本として長く読み継がれてきました。

この本では「腹八分目」「薄味を心がける」「欲望のまま生きると寿命が縮むから、節制を心がける」「怒りをコントロールする」といった具合に、今の時代の健康本と同様のことが網羅されており、三百年前に書かれた本ながら心に沁《し》みることが多くあります。

ここでも、気を巡らせることの大切さが説かれています。気は大気や大地にもあって、外に出て天地の気と自分の気を交流させることが長生きの秘訣《ひけつ》だとも述べられています。中国の道教の流れを引く考え方です。

人の中の気は天地の気と同じ種で、二つが混じり合って、健康長寿、不老長寿につながるのだ、とされています。

気を高める三つの方法

野口晴哉さんの『整体入門』にも、気の循環をよくし、気を高めまた鎮める、気をコントロールする方法が紹介されています。

その中から「合掌行気法」「背骨への行気」「愉気《ゆき》法」を紹介します。

合掌行気法は、正座をし、両手の手のひらを合わせ、目を瞑って行う瞑想法です。合わせた手のひらの指から手のひらにかけて、息が出入りするイメージで呼吸します。そうするとだんだん手のひらが温かくなり、気が集まり、手のひらが呼吸をしている感覚になります。これを五分程度行います。

背骨への行気は、背骨で息をするイメージで呼吸しながら行う瞑想法です。正座、いすに座る姿勢、立った姿勢、寝た姿勢のいずれでも大丈夫です。

基本的には目を瞑って行いますが、慣れてくれば目を開いたままでも構いません。歩行中でも仕事中でもできるようになります。これを行うことで活気のある体になり、体の中に勢いが出てくるので、特に、決断が遅い人、行動が鈍い人、病気の経過が悪い人などが行うと良いとされています。

愉気法は、他人の体に気を通すことです。

離れていても、そばに居ても、触れていてもいいので、自分の気を相手に送るつもりで気を込めて呼吸します。

野口晴哉さんは、気は五官で感じられるものでなく気で感じるしかない、と述べています。

生きている者同士の気は感応しあい、互いの活気を呼び覚ますことができ、人間同士だけでなく、犬や猫などほかの生き物との間でもできるとされています。

手の合わせ方で身体感覚は変わる

手は気を感じやすい場所で、他者と触れ合うことで、気の交流も起こります。

先ほど合掌行気法を紹介しましたが、手を合わせることは、左右分離されているものが一体化する感覚と相まって、体全体が一つになる感覚があります。

坐禅では、左右の手と足も組むため、全体の一体感がいっそう高まり、全身で呼吸する感覚、さらには周りの空間も呼吸しているような感覚になります。

坐禅を組んで呼吸に集中すると、身体を取り巻く空間とも一体化しやすくなるのです。

ヨガでは、瞑想を極めて生命エネルギーを高めるために取るポーズを、ムドラといいます。

手のムドラにはさまざまな種類があり、『ムドラ全書　１０８種類のムドラの意味・効能・実践手順』（ジョゼフ・ルペイジ、リリアン・ルペイジ著、小浜杳《こはまはるか》訳、ガイアブックス）には、「神経系の健康を支える」「ヨガの完全呼吸法を強化する」「肺活量を増やし生命量を高める」など、さまざまな効用をもったムドラが紹介されています。

仏像は様々な手のポーズをとっていますが、これらもムドラです。半跏思惟像《はんかしゆい》は、台座に腰をおろし、片足を下げて、右足を左大腿部《だいたい》に乗せる形で足を組む半跏の姿勢を取っています。折り曲げた右足の膝頭の上に肘《ひじ》をついて、右手の中指を頬に当てて、物思いにふける仏像です。肘をついてリラックスし物思いにふけるこの姿勢は、真似してみるとなかなか心地よいポーズです。

心身が疲れている時や気持ちを落ちつけたい時など、気に入った手のムドラをやってみると、疲れが少し癒《い》え気分が落ち着きます。

マインドフルネスを活用し、自分を安定させる

仏教僧で、アメリカで瞑想を広める活動をしているバンテ・H・グナラタナが書いた『マインドフルネス』（サンガ）は、瞑想の入門書の定番として読まれています。

マインドフルネスは禅の瞑想をベースに、宗教的要素を取り払い、精神を整え、強化するための技法として、カリキュラム化されたものです。宗教色を削《そ》ぎ落としたことで大学

教育や企業研修などでも取り入れやすくなり、世界的なブームになりました。

ヴィパッサナー瞑想とも呼ばれ、**「知恵の瞑想」あるいは「気づきの瞑想」という意味で、自分自身を観察し、気づきを得る瞑想法です。**

『マインドフルネス』で提唱されている心の姿勢は、このようなことです。

・何も期待しない
・無理しすぎない
・焦らない
・執着しない、拒絶しない
・手放す
・現れたものすべてを受け入れる
・穏やかになる
・自分で調べる
・あらゆる問題をチャレンジと見る
・考え込まない

・比べない

日常生活の中で実践するのは難しいことばかりですが、瞑想をすることによって、少しずつこういった姿勢が身に付いてきます。

無心になることは、過去についての後悔や将来に対する不安などの思い煩いを取り去って、「心の中をぽかっと空いた状態にして、今を見つめている自分だけがいる」という感覚になることです。

スポーツを観ていると、「この選手は今ゾーンに入っているな」、逆に「あ、これは邪念がある。外すな」と、雰囲気が見て取れることがあります。

「成功や失敗という意識を排除し、ただ目の前に集中する」ことがゾーンです。

身体の可動域を高めたり、気づきが起きたりするためには、過去の後悔や未来への不安など余計な考えを頭から振り払って、今現在に意識を集中することが重要です。

しかし脳と身体はつながっているので、一方だけを強制的に動かすことはできません。

マインドフルネスは、精神を安定させ身体を強化するために、とても良いトレーニングです。

フランスの印象派の画家モネは「睡蓮《すいれん》とはこういうもの」という既成概念は捨て、刻一刻と変わる睡蓮を観察し続け、自分の目と心で見た対象を描きました。

オランジュリー美術館にあるモネの睡蓮の絵を見ると、朝、昼、夕と様々な様態を観察し、その時々に自分の目に映った睡蓮を描いていることがわかります。

セザンヌはモネをこう評しました。

「モネは目に過ぎない。しかし、なんという目だろう！」

同じ庭の池の睡蓮を描いても、すべて違う表情なのです。

さまざまな思い込み、余計な考えを捨て、絵を描くという行為も、マインドフルネスと本質は同じです。

思い込みを手放し気づきを得れば、周囲と自分との関係性が変わります。

他人との距離感に悩む人のお話を伺うと、多くが思い込み過ぎていたり、相手の反応を過剰に気にしていたりするように感じられます。

他人に対する配慮のようでいて、当人の自意識の方が上回っているケースも多いようです。こうした過剰な気遣いは、相手をかえって疲弊させますので甲斐《かい》がありません。

まずは、ご自身に思い込みやとらわれがあるかどうかを、モネが睡蓮を見つめた視線で、見つめ直してみましょう。

この章では、距離感に悩む方が自分を客観視するための、身体の整え方をご紹介してきました。

いずれもお金や手間をかけずにできるものですので、ぜひトライしてみてください。

あとがき

ここまで、人と人との距離感に悩まないための具体的な方法を探ってきました。

では、人と人との距離感に悩んでいない人、というのはどういう人でしょうか。

相手によってコミュニケーション体力が落ちない筆頭は、人生経験豊かな年配女性で、**固まっている人をものともせず、他人をほぐすパワーがあります。**

私自身も、暗くなりがちな浪人時代、銭湯や定食屋のやさしいおばさんたちに支えられてきました。他に口を利く相手もいない未熟な私に、皆、辛抱強く声をかけてくれました。

話し上手で聞き上手な人生のキャリアを重ねてきた人たちには、たいがいのことを受け入れてもらえます。**凝り固まっている人をお世話するという、特殊能力を背負っている人が多いのです。**

玉袋筋太郎《たまぶくろすじたろう》さんは、コミュニケーションの場としてスナックをお薦めしています。

お金を払って、コミュニケーションスキルを学ぶ場だと言うこともできるかもしれません。スナックだけでなく、酒屋さん、おでん屋さん、煙草屋さんなど、常連はそこで長居をして、街のいたるところでお世話してもらっていたのかもしれません。

人間は放っておくと、自意識がいつの間にか凝り固まり、頑固になってしまうものです。

人生四十年であれば頑固なまま生き抜くこともできたでしょうが、人生百年と言われる今、若い頃の頑固さを高齢になるまで引きずっていると、本人も周りも苦しくなってしまいます。自分の頑固さでにっちもさっちもいかなくなっている高齢者が、たくさん存在します。

時間をかけて固まった自意識は、簡単にほぐれませんから、常に意識して自分の中核を柔らかくしましょう。柔軟化に一番効果的なのは、他人とのコミュニケーションです。

相手に反応してもらい、コミュニケーションの成功体験があると、機嫌はあっという間によくなり、人間がオープンになるものです。

特に、長年働いた組織から離れた男性は不安定になりがちで、社会的ポジションがない中で自分を確認することは難しく、プライドも保ちづらくなり、身体から固くなりやすい

のです。高齢の男性は黙っていると不機嫌に見えてしまいますので、若い時よりいっそう柔らかさを意識する必要があります。

それが難しいようでしたら、同病相憐《あいあわ》れむではないですが、社会的な不安を抱えている者同士、痛い目にあっている者同士が「ですよね」と相憐れむのも、気持ちがふんわり落ち着くために必要なことかもしれません。

一日のうち少しでも他人と言葉を交わせば、心も身体もほぐれるというものです。

情報のブラッシュアップも、組織にいる間は可能ですが、引退すれば情報源が限られますから、自然とコンプライアンス意識が社会とズレていく可能性が高まります。

自分では正しいことを言っているつもりでも、ズレた人になってしまうのです。

ある年齢に達すれば、誰しも時代から取り残されたゾーンの中で生きていかざるを得ません。先端社会のスピード感や大量の情報のアップデートに伴う高度なやりとりが難しいならば、そうでない社会で生きていくというように、自分の中の常識を切り替えてゆくのです。

社会全体の趨勢《すうせい》は入れ替わっていくものです。

社会との距離感がズレてしまった人がうまくそれを調整しきれないときには、周囲に迷惑のかからない距離の取り方を試みるとよいでしょう。

太宰治の『ヴィヨンの妻』（角川文庫）は、トラブルを抱えて生きる夫婦を描いた作品ですが、彼らは生きるためにあれこれやりながら、清濁併せのんで生き延びています。この小説の最後には、「私たちは、生きていさえいればいいのよ」というセリフがあります。

社会的な評価が低くても生きているという価値観があり、読む者を救う作品です。

社会の中心が功利的なものだという思い込みから身を切り離すと、許容範囲が広がります。

高齢者同士が一日中、公園のベンチを指定席としてお茶を飲みおしゃべりをしている様を生産的でないと思う向きもあるかもしれませんが、生きている時間が長くなっている以上、公園のベンチ的な距離感で人と接する機会は、誰しも経験する可能性があります。

お互いに生産的でないと会う意味がないというつきあいでは、長く関係を保つことは難しくなります。

マウンティングも競争意識もない人同士の親交が、長い人生の中でもっとも貴重なもの

です。

いつも一緒に食事をする会社の後輩や教え子が、とても話しやすいということはないでしょうか。こういう相手は、あなたがどんな立場になっても、関係性が変わることはありません。

私は中学校の恩師と季節ごとに電話で話しています。おだやかな雑談ですが、心が安らかになります。

人間関係において大切なのは、一見無駄なように思える時間を共有し合う時に、馬の合う相手です。

距離感に悩まずに付き合える相手がいれば、その方とのつきあいを大事に育てましょう。

また、読書を重ねることでブレない自我を作り上げ、身体感覚を鍛えることで、相手との物理的な距離感を把握できるようになれば、人生はずっと楽に生きることができます。

既成概念や社会的な同調圧力に従うだけでなく、自分の芯《しん》を柔らかくしてゆったりした気持ちで人と対峙《たいじ》すれば、人間関係の悩みに心を引きずられることも激減します。

わざわざコミュニケーション教室に行くのも大変です。この本がコミュニケーションの塾になり、人と上手に距離を取れるようになることを祈っています。

参考文献

東田直樹『自閉症の僕が跳びはねる理由』角川文庫　二〇一六年六月
つげ義春『つげ義春日記』講談社文芸文庫　二〇二〇年三月
齋藤孝『身体感覚を取り戻す　腰・ハラ文化の再生』NHKブックス　二〇〇〇年八月
フロイト　道籏泰三 訳「自我とエス」本間直樹ほか 編『フロイト全集18』岩波書店　二〇〇七年八月）
ダニエル・カーネマン　村井章子 訳『ファスト&スロー　あなたの意思はどのように決まるか？』ハヤカワ・ノンフィクション文庫　二〇一四年六月
遠藤達哉『SPY×FAMILY』集英社　二〇一九年七月—
ドストエフスキー　江川卓 訳『地下室の手記』新潮文庫　一九六九年十二月
ニーチェ　丘沢静也 訳『ツァラトゥストラ　上・下』光文社古典新訳文庫　二〇一〇年十

一月

大今良時『聲の形』講談社　二〇一三年十一月―二〇一四年十二月
デカルト　谷川多佳子 訳『方法序説』岩波文庫　一九九七年七月
夏目漱石『こころ』新潮文庫　一九五二年二月
吉田松陰　古川薫 全訳注『留魂録』講談社学術文庫　二〇〇二年九月
太宰治『人間失格』新潮文庫　一九五二年十月
メアリアン・ウルフ 小松淳子 訳『プルーストとイカ――読書は脳をどのように変えるのか？』二〇〇八年十月
カルロス・ルイス・サフォン　木村裕美 訳『風の影 上・下』集英社文庫　二〇〇六年七月
ウンベルト・エーコ、ジャン＝クロード・カリエール　工藤妙子 訳『もうすぐ絶滅するという紙の書物について』阪急コミュニケーションズ　二〇一〇年十二月
渡辺京二『逝きし世の面影』平凡社ライブラリー　二〇〇五年九月
ブレイディみかこ『ぼくはイエローでホワイトで、ちょっとブルー』新潮文庫　二〇二一年七月
ミシェル・オバマ　山田文 訳『心に、光を。不確実な時代を生き抜く』ＫＡＤＯＫＡＷ

A　二〇二三年九月
「Sports Graphic Number」１０７０　二〇二三年四月
フリードリッヒ・ニーチェ　信太正三 訳『ニーチェ全集８　悦ばしき知識』ちくま学芸文庫　一九九三年七月
山本文緒『自転しながら公転する』新潮文庫　二〇二二年十一月
谷崎潤一郎「幇間」『刺青・秘密』新潮文庫　一九六九年八月
早坂隆『１００万人が笑った！「世界のジョーク集」傑作選』中公新書ラクレ　二〇一一年十一月
モクタリ・ダヴィッド『イラン・ジョーク集―笑いは世界をつなぐ』青土社　二〇〇四年九月
E・H・エリクソン　小此木啓吾 訳編『自我同一性　アイデンティティとライフ・サイクル』誠信書房　一九七三年三月
さくらももこ『ちびまる子ちゃん』集英社　一九八七年七月―二〇一八年十二月
竹内敏晴『ことばが劈《ひら》かれるとき』ちくま文庫　一九八八年一月
野口三千三『原初生命体としての人間―野口体操の理論』岩波現代文庫　二〇〇三年六月

参考文献

宮本武蔵　魚住孝至 編『五輪書』角川ソフィア文庫　二〇一二年十二月
勝小吉　勝部真長 編『夢酔独言』講談社学術文庫　二〇一五年十一月
ヘルマン・シュミッツ　小川侃 編『身体と感情の現象学』産業図書　一九八六年九月
芳澤勝弘 訳注『白隠禅師法語全集』禅文化研究所　一九九九年五月―二〇〇二年二月
野口晴哉『整体入門』ちくま文庫　二〇〇二年六月
貝原益軒　松田道雄 訳『養生訓』中公文庫　二〇二〇年一月
ジョゼフ・ルペイジ、リリアン・ルペイジ　小浜杏 訳『ムドラ全書　108種類のムドラの意味・効能・実践手順』ガイアブックス　二〇一九年三月
バンテ・H・グナラタナ　出村佳子 訳『マインドフルネス　気づきの瞑想』サンガ　二〇一二年九月
太宰治『ヴィヨンの妻』角川文庫　一九九八年六月

構成協力　小泉秀希

齋藤　孝（さいとう・たかし）
1960年静岡県生まれ。明治大学文学部教授。東京大学法学部卒。同大学大学院教育学研究科博士課程等を経て現職。『身体感覚を取り戻す』（ＮＨＫ出版）で新潮学芸賞（2001年）、『声に出して読みたい日本語』（草思社）で毎日出版文化賞特別賞（2002年）受賞。同作はシリーズ260万部のベストセラーに。他著書に『読書力』『コミュニケーション力』（岩波書店）、『理想の国語教科書』（文藝春秋）、『上機嫌の作法』『語彙力こそが教養である』『究極　会話の全技術』『親子で楽しく考える力が身につく！　子どもの語彙力の育て方』『上手にほめる技術』（KADOKAWA）等多数。ＮＨＫ Ｅテレ「にほんごであそぼ」総合指導。

上手《じょうず》に距離《きょり》を取《と》る技術《ぎじゅつ》

齋藤《さいとう》　孝《たかし》

2024年 2月 10日　初版発行

発行者　山下直久
発　行　株式会社KADOKAWA
〒102-8177　東京都千代田区富士見2-13-3
電話　0570-002-301（ナビダイヤル）
装 丁 者　緒方修一（ラーフイン・ワークショップ）
ロゴデザイン　good design company
オビデザイン　Zapp!　白金正之
印 刷 所　株式会社暁印刷
製 本 所　本間製本株式会社

角川新書
© Takashi Saito 2024 Printed in Japan　ISBN978-4-04-082503-8 C0295

KADOKAWAの新書 好評既刊

核の復権
核共有、核拡散、原発ルネサンス

会川晴之

ロシアによる2014年のクリミア併合、そして22年のウクライナ侵攻以降、核軍縮の流れは逆転した。日本国内でも突然「核共有」という語が飛び交うようになっている。核報道をリードする専門記者が、核に振り回される世界を読み解く。

ヘイトクライムとは何か
連鎖する民族差別犯罪

鵜塚　健
後藤由耶

在日コリアンを狙った2件の放火事件を始め、脅威を増す「差別犯罪」が生まれる社会背景を最前線で取材を続ける記者が探る。更に関東大震災時の大量虐殺から現代のヘイトスピーチまで、連綿と続く民族差別の構造を解き明かすルポ。

ブラック支援
狙われるひきこもり

高橋　淳

中高年でひきこもり状態の人は60万人超と推計されている。行政の対応は緒に就いたばかりで、民間の支援業者もあるが玉石混交だ。暴力被害の訴えも相次いでいる。ひきこもり支援ビジネスの現場を追い、求められる支援のあり方を探る。

全検証　コロナ政策

明石順平

新型コロナウイルスの感染拡大で、私たちは未曾有の混乱に巻き込まれた。矢継ぎ早に政策が打ち立てられ、莫大な税金が投入されたが、効果はあったのか、なかったのか？　170点超の図表で隠された事実を明るみに出す前代未聞の書。

ラグビー質的観戦入門

廣瀬俊朗

プレーの「意味」を考えると、観戦はもっと面白くなる！　元日本代表主将がゲームの要点を一挙に紹介。「80分間を6分割して状況を分析」「ポジション別、選手の担うマルチタスク」ほか。理解のレベルがアップする永久保存版入門書。

KADOKAWAの新書 ❦ 好評既刊

公営競技史
競馬・競輪・オートレース・ボートレース

古林英一

世界に類をみない独自のギャンブル産業はいかに生まれ、存続したのか。その前史から高度経済成長・バブル期の爆発的な売上増大、社会問題を引き起こし、低迷期を経て再生するまでを、地域経済の観点から研究する第一人者が描く産業史。

定年後でも間に合うつみたて投資

横山光昭

「老後2000万円不足問題」が叫ばれて久しい。人生100年時代では、定年を迎えた人も資産寿命を延ばす方策が必要だ。余裕資金を活用した無理のない投資法を、資産形成のプロが丁寧に解説。24年スタートの新NISAに完全対応。

歴史と名将
海上自衛隊幹部学校講話集

山梨勝之進

昭和史研究者が名著と推してきた重要資料、復刊！　山梨はロンドン海軍軍縮条約の締結に尽力した条約派の筆頭で知られ、山本権兵衛にも仕えた、日本海軍創設期の記憶も引き継ぐ人物であり、戦後に海軍史や名将論を海自で講義した。

歴史・戦史・現代史
実証主義に依拠して

大木　毅

戦争の時代に理性を保ち続けるために――。俗説が蔓延していた戦史・軍事史の分野において、最新研究をもとに歴史修正主義へ反証してきた著者が「史実」との向き合い方を問うた珠玉の論考集。現代史との対話で見えてきたものとは。

サイレント国土買収
再エネ礼賛の罠

平野秀樹

脱炭素の美名の下、その開発を名目に外国資本による広大な土地の買収が進む。その範囲は、港湾、リゾート、農地、離島にも及び、安全保障上の要衝も次々に占有されている。この問題を追う研究者が、水面下で進む現状を網羅的に報告する。